RECHERCHES SUR ~~~~~~~~~

SAINT-SACR~~~~~~~~

RECHERCHES SUR L'HISTOIRE

DU

SAINT-SACREMENT DE MIRACLE

DE DOUAI

RECHERCHES SUR L'HISTOIRE

DU

SAINT-SACREMENT

DE MIRACLE

DE DOUAI

Par M. l'abbé CAPELLE

> Miraculum cujus hodie apud nos Duaci
> habitantes est celeberrima memoria.
> (COLVENÈRE.)

NOUVELLE ÉDITION REVUE & AUGMENTÉE

L. DECHRISTÉ PÈRE, IMPRIMEUR BREVETÉ A DOUAI

— 1886 —

A LA MÉMOIRE

DU MEILLEUR DES AMIS:

MONSIEUR L'ABBÉ LOUIS

CAPELLE

NÉ A DOUAI, PAROISSE SAINT-JACQUES, LE 27 AVRIL 1810

SUCCESSIVEMENT VICAIRE A IWUY 1832

CURÉ D'HONNECOURT 1834, DE PREUX-AU-BOIS 1838

MISSIONNAIRE APOSTOLIQUE 1842

CHANOINE HONORAIRE DE LA MÉTROPOLE DE CAMBRAI 1854

CURÉ-DOYEN DE SAINT-GÉRY A VALENCIENNES 1857

MEMBRE DE L'ACADÉMIE DE ROME

ET DE LA SOCIÉTÉ D'AGRICULTURE, SCIENCES ET ARTS DE DOUAI

CENTRALE DU DÉPARTEMENT DU NORD

DÉCÉDÉ LE 7 OCTOBRE 1867

DANS SA CINQUANTE-HUITIÈME ANNÉE

Louis DECHRISTÉ.

Douai, le 2 Novembre 1885.

DÉDICACE DE L'AUTEUR

—

Je dépose humblement cet opuscule sur l'autel où réside mon bien aimé Sauveur caché sous les voiles mystérieux du Sacrement eucharistique. Je l'offre à son amour comme un faible hommage de reconnaissance pour la grâce du baptême qui m'a été conférée le jour et dans l'église où l'on célèbre la fête annuelle du Saint-Sacrement de Miracle. Que ce Dieu de bonté daigne l'agréer, le bénir et lui faire porter les plus beaux fruits !

L'abbé CAPELLE.

RECHERCHES SUR L'HISTOIRE

DU

SAINT-SACREMENT DE MIRACLE

DE DOUAI

PREMIÈRE PARTIE

MIRACLE DU SAINT-SACREMENT, SA RAISON D'ÊTRE,
PREUVES DE SON AUTHENTICITÉ.

I

Le siècle de saint Louis est dans l'histoire de la Société et de la Religion un des siècles les plus illustres, s'il ne doit pas être regardé comme celui qu'aucun autre n'a égalé. Riche de sa sainteté, il éleva les monuments les plus beaux que l'Europe ait admirés et qu'elle admire encore, et les siècles qui le suivirent n'ont fait qu'imiter ou développer les sages institutions auxquelles il donna naissance. La France, toute brillante de son esprit chevaleresque, recueillait le fruit des vertus de son

souverain ; bénie par la divine Providence, toujours au premier rang de la civilisation, elle voyait les nations voisines confier leurs enfants à ses écoles, pour qu'ils sussent raisonner comme ses maîtres, élever des édifices comme ses architectes, et profiter surtout des leçons d'honneur et de bravoure qui, du trône, descendaient dans tous les rangs de la société. Mais, comme s'il était nécessaire que toujours l'ivraie soit mêlée au bon grain, des hommes imbus de perverses doctrines répandaient parmi le peuple un poison funeste : on les appelait hérétiques, non pas tant à cause de leurs erreurs religieuses qu'à cause de leurs doctrines anti-sociales. La religion étant alors le seul droit public en Europe, les erreurs, de quelque nature qu'elles fussent, n'étaient dénoncées que par elle, et toujours envisagées à son point de vue. Issus des Manichéens ou Bulgares, dont le nom un peu déformé est resté dans le langage populaire pour désigner un être pervers et impur, on les rencontrait surtout dans le midi et dans le nord : Albigeois aux environs de Toulouse, du nom de la ville d'Alby, qui était comme leur métropole; dans nos contrées on les appelait *Stadingues;* ils tenaient ce dernier nom, dit Fleury, « d'un peuple
» qui habitait aux confins de la Frise et de la
» Saxe, en des lieux environnés de rivières et de
» marais impraticables (1). »

(1) *Histoire ecclésiastique,* liv. 80.

En étudiant l'histoire de ces hérétiques, on est frappé des rapports, on pourrait même dire de l'identité qui existe entre leurs doctrines et celles qui, naguère, ont menacé la France du plus affreux cataclysme. S'insurgeant contre toute autorité, ils proclamaient la licence la plus absolue, prêchaient l'abolition de la famille en déclarant absurdes les liens sacrés du mariage ; et s'ils n'avaient pas écrit sur leur drapeau : *La propriété, c'est le vol!* ils n'admettaient pas moins les conséquences de ce principe, en employant tous les moyens qui pouvaient les aider à s'emparer de ce qui était à leur convenance (1).

Ces Stadingues étaient très-nombreux dans le nord ; on en rencontrait surtout à Arras, à Tournai, à Valenciennes, à Douai, et dans presque toutes les autres villes (2). A leurs doctrines antisociales, ils joignaient d'autres erreurs religieuses dont une des principales était la négation du dogme de la présence réelle de Jésus-Christ dans le sacrement de l'Eucharistie. Non seulement ils adhéraient sur ce point aux fausses croyances répandues par l'hérésiarque Bérenger vers la fin du onzième siècle, mais encore, et ce fait est constaté par la bulle du pape Grégoire IX qui les condamna,

---

(1) *Dictionnaire de l'Encyclopédie,* articles *Manichéens, Albigeois, Stadingues.*

(2) Buzelin, *Annales Flandriæ.*

« ils recevaient à l'église le corps du Sauveur dans
» la sainte communion, et, le conservant jusqu'en
» leur demeure, ils commettaient sur lui toutes
» sortes d'abominations sacriléges (1). »

Dans tous les temps où la foi catholique fut en danger, Dieu, pour fortifier les fidèles, se plut à opérer des miracles en rapport avec le dogme attaqué par les hérétiques. C'est ainsi qu'eurent lieu vers cette époque, celui de Bruxelles, celui de Paris, et une foule d'autres qu'il serait trop long d'énumérer.

En l'année 1254, Douai fut choisi par le Tout-Puissant pour être le théâtre d'un de ces faits surnaturels. Destiné à confondre les infidèles et à les ramener à la foi de la manière la plus persuasive, ce prodige fit dès-lors prendre à cette ville le rôle sublime que l'avenir devait consacrer d'une manière si glorieuse, lorsque trois siècles plus tard elle deviendrait, par son Université, un des plus forts boulevards du catholicisme.

Déjà importante par sa population, ses monuments et ses franchises la rendaient une des premières du beau domaine des comtes de Flandre (2).

---

(1) Bergier, *Dictionnaire de théologie*, article *Stadingues*.

(2) *Duacum,*
Dives et armipotens et claro cive refertum.
(Philippeïde, par Guillaume Le Breton, chapelain de Philippe-Auguste.)

Déjà son église Saint-Amé, qui, pour honorer le saint archevêque de Sens dont elle possédait le corps, avait substitué ce vocable à celui de la vierge Marie qu'elle portait depuis les jours de saint Maurand et de sainte Rictrude, l'église Saint-Amé, dis-je, élevait vers le ciel ses gracieuses ogives et sa voûte imposante; autour d'elle se tenaient, comme autant de filles qui formaient la couronne de leur mère, Saint-Pierre, la plus ancienne après elle; Saint-Jacques en la Neuve-Ville, Saint-Nicolas en la Poterne, Notre-Dame dans le faubourg, et Saint-Albin qui dominait les beaux lieux décorés du nom de *Camp-Fleuri*. Son Chapitre avait l'honneur de ne relever que du Souverain-Pontife, et, sous la protection de ce corps vénérable, vivaient, au milieu du peuple qu'ils évangélisaient, les enfants de saint Dominique, de saint Jean de Matha et de saint François (1).

C'est dans l'église Saint-Amé que s'opéra le miracle dont nous nous occupons et dont la tradition nous a transmis la date. Ecoutons le récit qu'en fait Thomas de Cantimpré qui en fut le témoin oculaire. Nous le traduisons du latin textuellement :

« Douai est une ville grande et spacieuse, située
» à droite de la route qui réunit les nobles cités
» d'Arras et de Cambrai. En cette ville, dans
» l'église des chanoines de Saint-Amé, au temps

---

(1) Les Dominicains s'établirent à Douai en 1232 ; les Trinitaires, en 1252, et les Récollets-Wallons, à la même époque.

» de Pâques, un prêtre qui avait donné la commu-
» nion au peuple, vit avec effroi qu'une hostie se
» trouvait sur le sol. Il se mit à genoux et voulut
» recueillir le corps de Jésus-Christ; mais bientôt,
» d'elle-même, l'hostie s'éleva en l'air et alla se
» placer sur le linge dont les prêtres se servent
» pour purifier leurs doigts consacrés.

» Le prêtre pousse un cri, il appelle les cha-
» noines, et ceux-ci, accourus à sa voix, aperçoi-
» vent sur le linge un corps plein de vie sous la
» forme d'un charmant enfant. Bientôt l'on con-
» voque le peuple; il est admis à contempler le
» prodige, et tous les assistants, sans distinction,
» jouissent de cette vision céleste.

» Instruit de cet événement par le bruit qui s'en
» répandit bientôt, je me rendis à Douai. Arrivé
» chez le doyen de Saint-Amé, dont j'étais très
» particulièrement connu, je le priai de me faire
» voir le miracle. Il y consent et donne ses ordres
» pour me satisfaire. On ouvre la boîte; le peuple
» accourt, et peu après que la boîte fut ouverte,
» tous s'écrièrent : Le voilà, je le vois; le voilà,
» je vois mon Sauveur. J'étais debout, frappé
» d'étonnement : je ne voyais que la forme d'un
» pain très blanc, et pourtant ma conscience ne
» me reprochait aucune faute qui pût m'empêcher
» de voir comme les autres ce corps sacré.

» A peine m'étais-je occupé de ces pensées, que
» je vis la face de Jésus-Christ dans la plénitude
» de l'âge. Sur sa tête était une couronne d'épines,

» et deux gouttes de sang lui découlaient du front
» sur la figure aux deux côtés du nez. A l'instant
» je me jette à genoux, et, pleurant, j'adore. Je
» me relevai : sur la tête, plus de couronne ni de
» sang ; mais je vis une face d'homme vénérable
» au-delà de tout ce qui peut s'imaginer. Elle était
» tournée à droite, en sorte que l'œil droit était à
» peine visible. Le nez était très long et très droit,
» les sourcils arqués, les yeux très doux et bais-
» sés ; une longue chevelure descendait sur les
» épaules. La barbe, que le fer n'avait point tou-
» chée, se recourbait d'elle-même sous le menton,
» et, près de la bouche charmante, elle s'amincis-
» sait, en laissant de chaque côté du menton deux
» petits espaces privés de poils, comme cela arrive
» ordinairement aux jeunes gens qui ont laissé
» croître leur barbe depuis leur enfance. Le front
» était large, les joues maigres, et la tête, ainsi
» que le cou assez long, s'inclinait légèrement.
» Voilà le portrait, voilà la beauté de cette face
» très douce.

» En l'espace d'une heure, on voyait ordinaire-
» ment le Sauveur sous différentes formes. Les
» uns l'ont vu étendu sur la croix, d'autres venant
» juger les hommes ; plusieurs, et c'est le plus
» grand nombre, le virent sous la forme d'un en-
» fant (1). »

(1) *Thomæ Cantiprani, s. theologiæ doctoris, ordinis præ-dicatorum et episcopi suffraganei Cameracensis, Bonum uni-*

— 8 —

Tous les écrivains qui ont traité de l'histoire religieuse de la Belgique racontent ce fait prodigieux d'après Thomas de Cantimpré. Buzelin, dans ses *Annales de Flandre,* ne se borne pas à ce récit; il consulta, comme il le dit, les manuscrits de la collégiale, et, sur leurs indications, il nous fait connaître quelques détails que Thomas de Cantimpré passe sous silence. Il nous semble superflu de transcrire le texte de cet historien ; nous nous contenterons d'en extraire les particularités qui complètent le récit du témoin oculaire. Le miracle, d'après Buzelin, arriva le jour même de Pâques (1). Le prêtre qui distribuait la sainte

---

versum de apibus. (Lib. II, cap. 40, pag. 399.) Cet ouvrage était très répandu au moyen âge ; la plupart des maisons religieuses le possédaient. Il fut édité presque aussitôt après la découverte de l'imprimerie, d'abord à Dorventrie en 1498, puis à Tournai un peu plus tard, et à Paris vers la même époque. Colvenère, prévôt du Chapitre de Saint-Pierre, à Douai, le fit imprimer de nouveau en l'enrichissant de notes et d'une préface pleine d'érudition ; il en donna trois éditions. La bibliothèque communale de Cambrai en possède un manuscrit qui appartenait, avant la révolution, aux religieux bénédictins de l'abbaye de Saint-Sépulcre en cette ville, et dont Colvenère s'est servi pour sa seconde édition. Ces religieux le regardaient comme un trésor ; dans les guerres qui désolèrent le Cambrésis, ils le sauvèrent à Bruxelles, avec leurs objets les plus précieux, au refuge qu'ils possédaient dans cette capitale du Brabant.

(1) *Ipso Paschatis die.*

communion était le curé de la paroisse (1), et au moment de l'événement les chanoines étaient au chœur (2). Quand Thomas de Cantimpré demanda à voir l'hostie miraculeuse, on appela le peuple au son de la cloche (3), et ce fut en présence d'une foule nombreuse entourant l'autel que le ciboire fut ouvert (4).

Ajoutons que nous pouvons nous rendre compte de certaines circonstances qui, sans être spécifiées par ces deux auteurs, sont néanmoins clairement indiquées dans leurs récits. Ainsi, nous apprenons que le miracle s'opéra pendant que les chanoines étaient occupés à célébrer l'office, c'est-à-dire vers huit ou neuf heures du matin ; il eut lieu, non pas sur le maître-autel, mais dans la chapelle latérale qui se trouvait à droite en entrant par le grand portail, et qui était à l'usage de la paroisse. Il dura plusieurs jours, se renouvelant chaque fois que l'hostie était exposée à découvert ; tous ceux qui entraient à l'église dans ces moments en étaient témoins, mais la transfiguration ne s'opérait pas pour tous sous la même forme. Les traits d'un enfant doux et gracieux étaient vraisemblablement ceux qui apparaissaient aux âmes pures ; la per-

---

(1) *Curialis sacerdos.*
(2) *A templi aditu canonicos advocat.*
(3) *Dato signo evocatur populus.*
(4) *Et coram circumfusâ civium coronâ pixis recluditur.*

sonne du Sauveur crucifié était pour les yeux des pécheurs, et un juge irrité se montrait aux endurcis et aux hérétiques.

II

L'authenticité de ce miracle est incontestable : ses preuves sont telles que l'on ne peut élever sur elles un doute sérieux.

Examinons ces preuves : la première, celle qui seule pourrait être suffisante, se trouve dans le témoignage de Thomas de Cantimpré qui affirme avoir été témoin du fait. Avant d'entrer dans la discussion, répondons à deux questions préliminaires : qu'était-ce que Thomas de Cantimpré ? qu'est-ce que le livre dans lequel il raconte le miracle ?

Thomas de Cantimpré, dont le lieu de naissance n'est pas très bien connu, était issu d'une famille noble ; il se consacra au sacerdoce, fidèle à un vœu qu'avait fait son père. Profondément versé dans la science des langues latine, romane, allemande, et dans ce que l'on appelait les humanités, il se livra à l'étude de la philosophie et de la théologie sous Albert le Grand, qu'il suivit de Cologne à Paris, et conserva toujours, dit Duboulay dans son *Histoire de l'Université,* des rapports fréquents avec les docteurs de cette célèbre école. D'abord chanoine régulier dans le couvent de Cantimpré, à Cambrai, il sortit de cette maison pour entrer dans l'ordre des Frères-Prêcheurs, d'où se répandant en Flandre, il obtint les plus grands succès dans le ministère de la prédication et surtout de la confession. Des pèlerinages qu'il fit aux sanctuaires les plus remarquables et ses écrits hagiographiques augmentèrent sa réputation. L'évêque de Cambrai, Nicolas de Fontaine, le choisit pour son suffragant. Ses biographes rapportent des miracles qui signalèrent sa vie, et quelques auteurs, entre autres Aubert Le Mire et Arnould de Raisse, l'ont appelé Bienheureux. Tel fut, d'après Gilemans et Colvenère, Thomas de Cantimpré. Henri de Gand, Jean Trithème, Molanus, Bellarmin, Juste Lipse, Spinellus, Poissevin, etc., etc., font l'éloge de ses talents et de ses vertus.

Quant au livre dans lequel est consigné le miracle, il est intitulé : *De apibus bonum universale, Bien universel des abeilles ou par la considération des abeilles*. Dans cet ouvrage, écrit en latin, l'auteur propose les abeilles à l'imitation de l'homme. C'était une manière d'écrire au moyen âge que de tirer des inductions morales de la considération des créatures de Dieu. Raban Maur, Hugues de Saint-Victor, Albert le Grand, et avant eux saint Basile et saint Ambroise, parlent très souvent des abeilles, et dans l'étude des habitudes de ces insectes, ils trouvent des leçons pour ceux à qui ils s'adressent. Soutenu par ces grandes autorités, et suivant l'esprit de son temps, Thomas de Cantimpré présente en tête de chaque chapitre une qualité des abeilles et en tire des instructions très utiles pour les diverses classes auxquelles est destiné son ouvrage. Ses leçons, dans lesquelles il montre une connaissance profonde de l'Ecriture-Sainte et des écrivains de l'antiquité, l'auteur les confirme par un grand nombre de faits extraordinaires parmi lesquels se trouve le miracle du Saint Sacrement. Le livre, dans lequel règne un air de candeur et de bonne foi qui charme le lecteur, est dédié au supérieur-général des Dominicains; il était destiné à être lu dans les communautés religieuses, qui s'empressèrent d'en posséder des copies. Colvenère, prévôt de Saint-Pierre, s'est demandé, dans la savante préface de cet ouvrage qu'il fit réimprimer, si les légendes qu'il contient doivent être regardées comme vraies, et il répond qu'elles ont, pour la plupart du moins, un caractère de probabilité et de certitude que l'on ne peut révoquer en doute. Admettons, avec ce chanoine si érudit, que quelques-unes d'elles ne paraissent pas être d'une authenticité complète, au moins faut-il remarquer que celles-là, notre auteur les donne comme lui ayant été rapportées, et loin de les imposer à la croyance, il en laisse la responsabilité au narrateur dont il les tient. Il procède bien autrement en racontant le miracle de Saint-Amé.

Après avoir, en parlant de l'Eucharistie, exposé un fait qu'il a l'air de regarder lui-même comme douteux, il dit que dans le temps où il écrit, Dieu ne cesse pas encore de prouver la vérité de ce dogme par les miracles les plus manifestes (1); puis, il en vient au récit que nous avons rapporté. Il ne parle pas ici sous la foi de quelque religieux ou d'une tradition populaire, il dit : J'ai vu, j'ai vu moi-même; pour voir de mes propres yeux, j'ai fait exprès le voyage de Cambrai à Douai; j'ai vu au milieu d'une multitude d'hommes qui ont vu comme moi, et qui sont là pour attester la vérité du fait !

III

Maintenant que nous connaissons Thomas de Cantimpré et son livre, faisons un simple raisonnement qui suffira pour donner à son témoignage toute la puissance qu'un homme exempt de préjugés peut requérir à l'effet de se former la plus entière conviction.

Le récit de Thomas de Cantimpré est vrai; pour dire qu'il est faux, il est nécessaire d'admettre de deux choses l'une : ou bien ce vénérable person-

---

(1) *Quanquam et hoc manifestissimis miraculis etiam nostris temporibus non cessaverit comprobare.*

nage a été trompé lui-même, ou bien il a voulu tromper les autres.

Or, premièrement, il est absurde de dire qu'il a été trompé. En effet, le prodige qu'il raconte s'est opéré en plein jour, à la vue d'un peuple nombreux et avec des circonstances qui rendent toute espèce de supercherie impossible. Pour pouvoir supposer une supercherie, il faudrait admettre l'emploi de moyens analogues à ceux dont se servent en pareil cas les prestidigitateurs. Or ne sait-on pas que ces scènes de fantasmagorie exigent un certain attirail d'instruments qu'il eût été impossible de dissimuler et de faire fonctionner dans une église à la voûte élevée, et sur un autel massif en pierres comme étaient tous les autels au moyen âge, n'ayant pour toute garniture qu'un crucifix et deux candélabres, dépourvu même de tabernacle dont l'usage à cette époque était encore inconnu. Acceptant donc toutes ces impossibilités, il faudrait admettre que Thomas de Cantimpré, cet homme dont les talents supérieurs sont incontestables, ne se serait pas aperçu de la ruse, et cela, en plein soleil, dans le sanctuaire, près de l'autel sur lequel cette scène se présentait à ses regards; mais, en vérité, ce serait supposer que chez lui, l'intelligence, le bon sens même, se seraient évanouis tout à coup, pour se changer en niaiserie et en idiotisme.

Ce n'est pas tout, il faudrait pousser l'absurdité

plus loin encore : on ne peut pas supposer que Thomas de Cantimpré fut trompé sans être forcé d'admettre que l'on aurait trompé avec lui la population d'une ville entière, et cela non point pendant un moment, pendant un jour, mais pendant au moins quatre jours ; car un laps de temps moins long n'a pu s'écouler entre le premier moment de l'apparition et l'arrivée à Douai du suffragant de Cambrai.

Remarquons encore que l'apparition était multiple et variée : réunis en un même lieu, formant tous un même groupe, et regardant un point, les spectateurs voyaient, les uns, un jeune enfant, les autres un crucifix, d'autres encore un juge. Quel moyen eut-on employé pour produire un tel effet? Tout le monde en conviendra : la physique et la mécanique qui ont fait tant de progrès, n'ont pu parvenir encore à faire voir dans un seul objet des objets différents, par exemple un enfant qui sourit, un juge irrité, un homme souffrant la torture. Et l'on aurait fait voir tout cela aux Douaisiens du XIIIe siècle, et tous auraient vu, et personne n'eût réclamé, personne, pas même les hérétiques qui se trouvaient en grand nombre dans la contrée et dans la ville !!!! Si cela n'est pas de la dernière absurdité, à quoi donc faut-il donner ce nom? Voilà pourtant tout ce qu'il faut admettre nécessairement pour soutenir que Thomas de Cantimpré a pu être trompé. Mais voulût-on, par impossible, étayer cet échafaudage d'absurdités élevées les unes sur les autres, on est forcé de le voir s'écrouler sous un mot du récit du savant écrivain : « Je » priai le doyen, dit-il, de me faire voir l'hostie » miraculeuse ; celui-ci donna ses ordres, on ou-» vre la boîte et au même moment chacun s'écrie : » Voilà que je vois, que je contemple mon Sau-» veur. » Nous aurions pu nous contenter de citer cette phrase dans sa simplicité et épargner au lecteur notre long raisonnement : la conséquence à en tirer est toute naturelle pour un esprit droit : Thomas de Cantimpré n'a pu être trompé !

Dira-t-on que Thomas de Cantimpré aura pu se faire illusion à lui-même, que sa piété vive, son désir de voir des choses merveilleuses, son imagination ardente lui auront donné une disposition d'esprit telle qu'il aura cru voir lorsque réellement il n'y avait rien, ou qu'il ne se sera pas aperçu de la supercherie ? Cette supposition pourrait peut-être avoir quelque valeur si Thomas de Cantimpré eut été le seul témoin du fait miraculeux, mais comme une multitude d'hommes l'ont contemplé ainsi que lui et avec lui, l'objection ne peut rien contre notre raisonnement qui conserve toute sa force. Néanmoins, si l'on veut, contre toutes les règles de la logique, amener la question sur un terrain qu'elle désavoue, placer Thomas de Cantimpré dans une position qui ne fut pas la sienne, nous consentons encore à répondre, et nous disons que chez celui-ci l'illusion a été impossible.

Admettons qu'un homme puisse devenir le jouet de son imagination au point de voir, en plein jour, un objet qui n'est pas réellement offert à ses yeux ; à moins que cet homme n'ait un cerveau malade, cet effet d'hallucination ne peut se produire chez lui que conformément à son idée préconçue et sa vision ne peut être que transitoire et presqu'instantanée : la force de tension d'esprit nécessaire à cette opération de l'âme ne peut durer longtemps. Or l'hypothèse est ici inadmissible. Et d'abord quelles étaient les dispositions de Thomas de Cantimpré? Lorsqu'il s'approcha de l'autel, il connaissait le miracle ; sans aucun doute toutes les particularités lui en avaient été racontées ; il croyait qu'il allait voir, comme la plupart des fidèles, la sainte hostie sous la forme d'un enfant, et la vision qui lui apparut fut toute différente : il vit Notre Seigneur sous la forme d'un homme dans la force de l'âge et tel qu'il devait être à la fin de sa vie. Et puis cette vision a été longue : à la manière dont il la raconte, il est évident qu'il l'a considérée à loisir, qu'il l'a même étudiée. Il a suivi les diverses transformations qu'elle a subies, aucun détail ne lui a échappé ; enfin, il déclare que la vision a duré environ une heure. Il n'est donc pas plus possible qu'il se soit trompé lui-même qu'il ait été trompé par d'autres.

Il reste à examiner si Thomas de Cantimpré n'a pas voulu tromper. Certes, il faudrait être bien hardi pour oser soutenir ici une proposition affirmative : ce serait s'inscrire en faux contre tous les auteurs les plus respectables qui sont allés jusqu'à donner à notre hagiographe le titre de Bienheureux, ce serait nier sa sainteté, sa vertu, sa bonne foi ! Et quel motif pouvait-il avoir d'avancer dans son livre un fait qu'il aurait su être de toute fausseté, de commettre un impudent mensonge ? Se faire valoir, s'élever dans l'esprit de ses lecteurs en se donnant comme un homme privilégié de Dieu à qui il est accordé de voir des merveilles célestes ? Mais, d'après son récit, il n'a fait que voir une apparition que toute une ville avait déjà vue comme lui, et avant lui. Serait-ce un zèle exagéré ? aurait-il cru trouver dans cette fourberie une preuve nécessaire à l'appui d'une thèse qu'il voulait soutenir ? Mais le récit du miracle ne vient dans son livre que pour rappeler un point de foi dont ses lecteurs étaient persuadés : la présence de Jésus-Christ sur l'autel, et recommander aux religieux de chanter les louanges de Dieu avec respect.

Allons plus loin : Thomas de Cantimpré eût voulu tromper que la fourberie lui eût été impossible. Son livre écrit pour les religieux était destiné à être lu à Douai, où les Frères-Prêcheurs étaient déjà établis ainsi que les Trinitaires et les Récollets-Wallons. Or, quand ces religieux pouvaient si facilement vérifier l'exactitude de ce fait et de tous ses détails, comment notre auteur aurait-il osé l'inventer et même en raconter jusqu'aux moindres circonstances ? Comment, avec son caractère d'évêque suffragant, préconiser un mensonge ; invoquer, en quelque sorte, en faveur de sa véracité, le témoignage de ses lecteurs qui n'eussent pas manqué de lui dire : Nous étions à Douai à cette époque, et nous n'avons rien vu de ce que vous racontez, nous n'en avons même pas entendu parler ?... Vraiment, ce n'est pas ainsi que l'on invente, et, si Thomas de Cantimpré avait voulu tromper, riche des talents que nous lui connaissons, il eût employé un autre moyen, et ne se serait pas exposé à être surpris en flagrant délit de mensonge. Non, le vénérable suffragant de Nicolas de Fontaines n'a pas voulu tromper ; nous avons démontré qu'il n'a pu être trompé, son témoignage est incontestable ; il établit une preuve morale d'une évidence palpable, et tout esprit droit répétera ces paroles qu'un des plus célèbres docteurs de notre Université proclamait du haut de la chaire de Saint-Amé : « Ce miracle, » dit Billuart (1), dans un sermon qu'il prêcha à la fête

---

(1) Né à Rénel, dans les Ardennes, Billuart était de l'ordre de saint Dominique ; il prit le bonnet de docteur en 1729, et occupa la première chaire de théologie au collége Saint-Thomas-d'Aquin. Ses écrits volumineux lui ont donné une place parmi les plus célèbres théologiens, et ses sermons, imprimés il n'y a que quelques années, peuvent le faire ranger parmi les meilleurs prédicateurs du second ordre.

anniversaire, le mardi de Pâques, vers l'année 1725, « ce miracle, rapporté par un témoin fidèle
» et irréprochable, l'illustrissime et bienheureux
» Thomas de Cantimpré, auteur contemporain,
» témoin oculaire de ce prodige et l'un des plus
» riches ornements de la religion, ce miracle est
» authentique et avéré en tout point. »

IV

A l'autorité déjà plus que suffisante de notre célèbre hagiographe, nous ajouterons celle de Buzelin qui cite un manuscrit du Chapitre de Saint-Amé. Ce manuscrit ne nous est point parvenu, mais son existence constatée par le vénérable auteur des *Annales de Flandre*, est du plus grand poids pour établir une seconde certitude. « Cet ouvrage, » dit l'abbé Canquelin dans ses *Mémoires pour servir à l'histoire de Douai*, « aura
» sans doute été égaré ou gardé à Lille et brûlé
» avec quantité d'autres précieux manuscrits dans
» le dernier incendie qu'il y eut chez les Jésuites
» résidant dans cette capitale de la Flandre-Wal-
» lonne. D'ailleurs tout Douai sait qu'il n'y a ni à
» la Ville, ni à Saint-Amé, des registres qui da-
» tent d'aussi longtemps pour les différents incen-
» dies qu'il y a eu dans l'un et l'autre endroit, les-
» quels en ont consumé toutes les archives. Ainsi,

» il faut nécessairement s'en tenir à la tradition » sur ce miracle, laquelle est constante. »

Qui pourrait, dans cette conclusion, contredire le savant chanoine? L'authenticité du miracle ne serait-elle appuyée ni sur le témoignage de Thomas de Cantimpré, ni sur celui de Buzelin, que la tradition seule suffirait pour en établir une preuve péremptoire. La tradition, en effet, quand elle est constante, gardée par des hommes graves, et transcrite par des usages et des faits, la tradition est de l'histoire comme celle qui se lit dans les livres: c'est de l'histoire racontée par des monuments, car ces usages sont de véritables monuments qui parlent un langage que la raison est forcée d'écouter et qui fait naître chez elle une certitude aussi forte que celle qu'elle acquiert par le témoignage des historiens les plus véridiques. Or telle est la tradition qui nous fournit une nouvelle preuve de l'authenticité du miracle du Saint-Sacrement (1). Qu'il nous suffise d'exposer simplement les faits. Le premier est la conservation de l'hostie miraculeuse dans l'église Saint-Amé. Buzelin, dans la description qu'il nous a laissée de

---

(1) Le chanoine Canquelin dit dans son manuscrit cité plus haut : « Une personne digne de foi (M. Mellez, docteur et pro-
» fesseur royal à Douai,) m'a assuré avoir entendu dire plu-
» sieurs fois à son père qu'il avait vu et eu entre les mains des
» médailles d'or frappées au temps de ce miracle, et qui en
» portaient l'empreinte et la figure. »

cette église, commence son récit en ces termes :
« La chapelle qui tient le premier rang dans
» l'église Saint-Amé est celle où une hostie mira-
» culeuse, conservée depuis plus de trois cents
» ans, est l'objet de visites et d'hommages de la
» part d'une grande foule de peuple. La mémoire
» de ce miracle se célèbre chaque année, le mer-
» credi de Pâques, par une fête solennelle à la-
» quelle assiste un nombreux concours de fidèles,
» et à certains jours de l'année on porte cette hos-
» tie en procession (1). » Colvenère, dans ses
notes sur l'ouvrage de Thomas de Cantimpré,
s'exprime comme Buzelin : « La mémoire de ce
» miracle, dit-il, est très célèbre à Douai ; elle se
» renouvelle chaque année, et, à certains jours,
» on porte en procession la boîte d'argent dans
» laquelle l'hostie miraculeuse a été déposée (2). »

(1) « *Principem hic locum obtineat id sacellum in Ama-*
» *tensi templo Duaci ubi sacrosancta hostia plus quam tre-*
» *centos annos propter insigne miraculum servata et visitur*
» *et colitur a magnâ populi frequentiâ..... Quotannis hujus*
» *celeberrima miraculi memoria insigni tum festo, tum po-*
» *puli frequentiâ renovatur, quartâ post Christi resurrectio-*
» *nem feriâ statisque diebus per annum, dum suppliciter*
» *proceditur, ea defertur hostia.* » (GALLO FLANDRIA, p. 286.)

(2) « *Miraculum cujus hodie apud nos Duaci habitantes est*
» *celeberrima memoria quæ et quotannis renovatur solemni*
» *celebritate feriâ quartâ Paschæ et in processione statis die-*
» *bus defertur capsula argentea in quâ hostia illa fuit repo-*
» *sita.* » (DE APIBUS, note 115.)

Les vieillards qui ont habité Douai avant la révolution de 1793 ont tous assisté aux fêtes dont parlent les deux écrivains, et, comme leurs devanciers, ils ont vénéré l'hostie miraculeuse.

Le second monument traditionnel est la confrérie instituée pour honorer la mémoire du miracle. L'époque de l'origine de cette pieuse société, dont nous parlerons plus tard, est inconnue ; mais quoique le plus ancien titre qu'on en puisse découvrir ne remonte qu'à l'année 1538 (1), on ne peut s'empêcher de reconnaître qu'elle date des temps voisins de l'apparition. En 1588, elle comptait quatre cent soixante-dix-sept membres et possédait des rentes considérables.

Un document tiré des archives du couvent des Dominicains, et que l'abbé Canquelin a transcrit dans ses Mémoires, vient suppléer à l'absence de ces titres : il est lui-même un titre de la plus haute importance. Il s'agit d'une note réglant les prédications que ces religieux devaient donner dans l'église Saint-Amé pendant l'année 1356. Voici les termes dans lesquels elle est conçue : « Tous les jours, pendant le carême, à sept heures du matin, réservé les festes qu'on préchera à une heure, et le Jeudi-Saint qu'on prêche à Saint-Amé après le lavement des pieds, et le Samedi-Saint

---

(1) Ce titre est un acte de donation, déposé aux Archives du Nord.

qu'on prêche après complies ; on doit encore prêcher à sept heures du matin le jeudi après l'octave de Pâques (1). » Pour l'intelligence de cette note précieuse, il faut savoir qu'autrefois il était d'usage de célébrer, le lendemain d'une octave, un office spécial qui même était plus solennel que ceux de l'octave elle-même. Cet usage, qui a donné naissance aux pratiques de dévotion appelées neuvaines, était suivi dans nos contrées à cette époque : nous le trouvons en vigueur dans l'église collégiale de Saint-Pierre de Lille, où, après les fêtes célébrées en l'honneur de Notre-Dame de la Treille, on célébrait un office solennel dit de la *reposition des reliques* (2). Il était encore suivi à Saint-Amé en 1594. On lit dans les registres de la confrérie de cette année : « A un frère de la sochiété de Monsieur saint Dominique pour avoir faict la prédication le vendredi après les octaves du Saint-Sacrement, luy a esté payé comme avoient acoustume aucuns princes d'icelle confrairie les ans précédents, 20 sols. A Monsieur le thésaurier à luy deub pour avoir dit et celebret la messe du dépositoire du Saint-Sacrement le vendredy après les octaves, luy a esté payé 10 sols (3). »

(1) *Mémoire pour servir à l'histoire de Douai.*

(2) *Histoire de Notre-Dame de la Treille,* par le P. Vincart.

(3) Registres de la confrérie du Saint-Sacrement de Miracle de Saint-Amé, déposés aux Archives du Nord.

Il est donc constant qu'en l'année 1356, c'est-à-dire un siècle après l'apparition, la mémoire du Saint-Sacrement de Miracle se célébrait déjà ; la fête avait lieu le mercredi de Pâques, ainsi que nous l'expliquerons tout à l'heure, et les termes : *on doit prêcher,* dans lesquels est conçue la note, termes différents de ceux employés pour désigner la prédication du Jeudi-Saint, indiquent que cet usage était écrit dans le coutumier du couvent comme existant depuis longtemps déjà. La note, il est vrai, ne spécifie pas que la prédication avait lieu en mémoire du miracle, mais il faut nécessairement l'admettre ainsi, ou bien il faut dire qu'elle n'avait pas sa raison d'être.

Le témoignage de la tradition vient donc se joindre à celui d'un témoin oculaire dont la véracité est incontestable, ce qui rend l'authenticité du miracle telle que l'on ne peut élever contre elle un doute tant soit peu sérieux.

DEUXIÈME PARTIE

CULTE DU SAINT-SACREMENT DE MIRACLE

I

CHAPELLE DU SAINT-SACREMENT DE MIRACLE

L'église Saint-Amé était à la fois collégiale et paroissiale. Les chanoines célébraient leur office dans le chœur, et la première chapelle que l'on trouvait dans la nef latérale sud, en entrant dans la basilique par le grand portail, était consacrée, sous le vocable de Notre-Dame, au service de la paroisse. Le doyen du Chapitre avait les attributions de curé ; un pro-curé et plusieurs vicaires l'aidaient à remplir les fonctions de sa charge. Ce fut, comme nous l'avons dit, dans cette chapelle, que s'opéra le prodige à l'occasion duquel elle prit le nom de chapelle du Saint-Sacrement. Les jours de fête, on y déposait, sur une table, l'hostie miraculeuse ainsi que la boîte qui la contenait, et que l'on conservait vraisemblablement dans la trésorerie. Ainsi que nous l'apprend le P. Willart, en son livre intitulé :

— 28 —

Le précieux Diadème (1), ces objets précieux étaient renfermés dans une châsse d'argent. Les registres de la Confrérie font très souvent mention de cette fierte. Nous citerons ce qu'on lit dans quelques-uns des plus anciens : « Au coustre (sacristain), est-il » dit dans celui de 1397, pour avoir porté et re- » porté la fiertre du Saint-Sacrement sur la table » durant les octaves du Sacrement a esté payé » 10 sols. » Celui de 1594 porte : « Le vendredy » huitième de mai à Nicolas du Bruille cirier pour » six chirons de demy casgnion chacun tant pour » mettre sur l'autel, comme pour mettre sur la » table auprès de la fiertre du Sacrement ha esté » payé cy en mise 21 sols. » La note de l'an 1598 est plus explicite ; on y lit : « Au coustre pour avoir » livré la fiertre du miracle aux festes du mois, » durant le tems de ces deux présents comptes a » esté payé 20 sols. (2) » D'après le P. Willart, cette châsse s'appelait aussi la châsse de Notre-Dame, soit parce que dans son ornementation on distinguait quelqu'image de la Mère de Dieu, soit plutôt parce qu'elle était la propriété particulière de la chapelle paroissiale qui, comme on le sait, portait primitivement ce vocable. Il est très raisonnable de croire qu'immédiatement après l'opération du miracle, les chanoines voulant conserver l'hos-

(1) Petit in-4° imprimé à Douai, chez Bellère, en 1645.
(1) Archives du Nord.

tie qui s'était transfigurée, la déposèrent dans une de leurs châsses les plus précieuses, où elle demeura renfermée jusqu'au temps où elle fut placée dans l'ostensoir à la couronne duquel nos pères du dernier siècle virent appendue la boîte qui la contenait. Nous trouvons l'existence de cette châsse un siècle après le miracle, et elle nous apparaît empreinte de signes qui indiquent une origine très reculée. Elle figure sur deux inventaires de Saint-Amé, l'un de 1382, et l'autre de 1423. On lit dans le premier : « Une grande fiertre de Nostre-Dame » en lequel falent (manquent) trois pilliaux cou-» verts d'argent et sont platines d'argent émaillé » au capitiel de le dite fiertre. » Voici le texte du second : « La fiertre de Nostre-Dame a laquelle def-» fault (manquent) trois pilleriaux couverts d'ar-» gent. (1). »

Selon l'usage des temps anciens, et comme l'indique un petit tableau conservé encore aujourd'hui dans l'église Saint-Pierre (2), l'autel était très simple, massif en pierre et formant un carré long. A part deux rideaux qui lui servaient comme d'encadrement, il n'avait d'autre ornement qu'une

---

(1) Archives du Nord.

(2) Ce petit tableau se trouve placé près du premier autel à droite ; les costumes des personnages indiquent qu'il est du XVIe siècle.

croix, deux candélabres (1) et un antipende que l'on changeait selon que l'exigeaient les prescriptions de la liturgie pour la couleur des vêtements sacerdotaux (2). Lorsque les tabernacles n'étaient point encore placés comme maintenant sur l'autel, les saintes hosties offertes à l'adoration des fidèles, et réservées pour être portées aux malades, étaient renfermées dans une boîte qui, tenue par un cordon et suspendue au-dessus de l'autel, pouvait à l'aide d'une poulie monter et descendre. Dans les inventaires dont nous avons parlé tout à l'heure, on lit dans le premier : « Une coupe d'argent pen- » dant deseur l'autel pour le chiboire. » Et dans le second : « Un vaissiel d'argent auquel repose le » Sacrement de la sainte hostie. » Une sculpture peinte (*depicta et ex sculpta*), décorait les murailles de ce sanctuaire : elle représentait le miracle dont l'histoire était écrite sur un vitrail, dans le chœur des chanoines, du côté du Nord (3).

Tel était l'état de la chapelle dont l'étendue n'allait pas au delà de l'espace contenu entre deux

---

(1) Ils furent confectionnés en 1567 par un orfévre nommé Hattu.

(2) En 1607, un sieur de Somain en fit présent d'un en velours rouge sur lequel étaient brodées les images de saint Pierre et de saint Paul.

(3) Colvenère, note sur le chapitre 40 du livre II de l'ouvrage : *De Apibus*.

arcades, lorsqu'en 1630 le chanoine Le Pipre voulut lui donner de plus grandes proportions. Le nom de ce bon abbé mérite de ne pas rester enseveli dans l'oubli. M. Le Pipre (1) était un de ces hommes rares faisant le bien avec une grande abnégation d'eux-mêmes, et auxquels les sacrifices ne coûtent point; déjà, onze ans auparavant, il avait vendu sa maison et en avait consacré le prix de trois mille cinq cents florins à l'acquisition d'une grosse cloche dont il désirait doter la tour (2). L'agrandissement de la chapelle fait le plus grand éloge de sa piété et de sa modestie. Le 27 août 1629, une députation composée de notables de la Confrérie avait présenté une requête au Chapitre, à l'effet d'obtenir un subside pour restaurer ce sanctuaire. Leur demande fut accueillie peu favorablement, et notre bon chanoine se chargea de faire à ses frais ce que ses collègues refusaient de faire sur les deniers de l'église ; il ne se borna même pas à la restauration demandée, il voulut

---

(1) Le portrait du chanoine Le Pipre se trouve au coin gauche d'un beau tableau représentant *l'Adoration des Mages*, et dans lequel on a fait intervenir, d'un côté saint Maurand et saint Amé, et de l'autre saint Onésime et saint Gurdinel, dont les corps reposaient à Saint-Amé. — Ce tableau, peint aux frais de M. Le Pipre, provient de l'illustre collégiale, et a été donné à l'église Saint-Jacques par le vénérable M. le chanoine Levesque, grand-doyen de cette paroisse.

(2) Actes capitulaires.

une construction nouvelle faite sur de larges proportions et qui fût comme une seconde église reliée à la collégiale. Disons à sa louange que son nom ne fut point prononcé lorsque le Chapitre fut appelé à donner son assentiment à ce nouveau projet. Voici en quels termes est conçue la délibération capitulaire en date du 19 juin 1630 : « Sont com-
» parus le docteur Corduan, Jean Plaisant, quatre
» hommes de la Confrérie du vénérable Saint-Sa-
» crement avec le vén. pasteur exposant qu'il y
» aurait quelque bonne personne qui se présente
» pour ragrandir la chapelle du vénérable Saint-
» Sacrement à ses despens indempnant l'église de
» ce qui peut en arriver de dommage, requérant
» partant Messieurs vouloir accorder le fond et
» donner leur consentement pour oster tout empê-
» chement. Commis le maître des œuvres avec
» M. Sinclar pour faire visite des lieux et exami-
» ner le tout et en faire rapport accordant leur
» demande (1). »

Bientôt la muraille de la nef latérale fut enfoncée, et, prenant pour sa largeur l'espace contenu entre les deux arcades, la chapelle construite en briques se prolongea du nord au midi, sur une étendue d'environ vingt mètres. Le style de ces nouvelles constructions fut peu en harmonie avec la basilique ; mais on sait qu'à cette époque l'archi-

---

(1) Actes capitulaires.

tecture ogivale, regardée comme de mauvais goût, était partout abandonnée (1). La Confrérie, à l'aide des libéralités des fidèles, décora peu à peu le sanctuaire dans lequel furent placés des bancs offerts par le meunier du moulin Saint-Martin (1639) (2). En 1739, quatre anciens candélabres d'argent furent jetés au creuset, et leur prix servit d'appoint à l'acquisition de six autres de plus grande hauteur (3). En 1746, l'autel à antipende disparut pour faire place à un autre en marbre sculpté (4); son tabernacle fut garni de girandoles d'argent, de vases et d'anges de même métal. N'oublions pas de mentionner, ornant un côté de l'autel, trois figures en bois sculpté et doré, représentant le miracle; une espèce de lustre en cuivre appendu à la voûte; deux bas-reliefs d'albâtre attachés aux murailles, et, s'élevant à l'entrée du sanctuaire, deux énormes chandeliers dont le métal, provenant du chœur

---

(1) Sur l'emplacement où furent élevées ces constructions, on abattit un énorme tilleul sous lequel, dit un manuscrit, on pouvait *banqueter*.

(2) Le moulin Saint-Martin était situé sur la gauche du lit de la Scarpe, près le pont des Dominicains.

(3) Ces candélabres furent confectionnés par un sieur Gérard qui, outre la vieille matière, reçut pour son travail la somme de 1353 florins.

(4) L'autel fut sculpté par Cyprien Massart ; le prix fut de 699 florins 4 patars.

de l'église, avait été concédé en 1696 par le Chapitre, à condition que chaque année ils seraient *écurés* aux frais de la Confrérie (1).

En 1759, la chapelle se dépouilla d'une grande partie de ses objets précieux, à l'invitation du roi Louis XV qui, par des lettres patentes en date du 26 octobre de cette même année, avait demandé un emprunt pour subvenir aux frais de la guerre de Flandre. Dans ces circonstances, les Chapitres et les Maisons religieuses portèrent de nombreuses argenteries à la Monnaie : les chanoines de Saint-Amé en livrèrent pour leur part un poids de deux cent soixante-dix-neuf marcs. Dans la liste des prêteurs, nous ne voyons pas figurer le nom de la chapelle du Saint-Sacrement : son offrande aura sans doute été confondue avec celle du Chapitre. Sur ses registres, depuis 1761 jusqu'en 1790, est portée en ligne de compte, chaque année, la rente qu'elle recevait du gouvernement en paiement de ses avances. On y lit, jusqu'en 1770 : « Pour un » capital de 3,199 francs, provenant des argente- » ries de la chapelle portées à l'hôtel des Monnoies » par ordre du Roi, il est dû une rente au denier » cinq de cent cinquante-neuf francs dix-huit sols

---

(1) Le prix de la fonte de ces grands chandeliers de cuivre fut payé la somme de 273 florins 9 patars par le chanoine Deldique ; le clocheman qui les *écurait* recevait pour ce travail 1 florin 16 patars.

» de France. » En 1770, cette rente fut réduite de moitié : on ne recevait plus que soixante-dix-neuf francs dix-neuf sols. Les chanoines, en abandonnant une partie de leurs objets d'orfévrerie, livrèrent sans doute de préférence ce qu'ils avaient de plus antique ; ils se défirent vraisemblablement alors de la châsse d'argent qui renfermait l'hostie miraculeuse, et c'est ce qui peut expliquer comment la boîte contenant cette hostie était dans les derniers temps suspendue à la couronne de l'ostensoir.

II

CONFRÉRIE DU SAINT-SACREMENT DE MIRACLE

La Confrérie du Saint-Sacrement de Miracle est comme la plupart des institutions dont l'existence remonte à une haute antiquité : la date précise de leur origine est inconnue, et, lorsqu'elles se révèlent par un fait ou un monument que l'on rencontre dans l'histoire, elles sont déjà florissantes. Comme nous l'avons dit, le plus ancien titre que nous en connaissions ne remonte qu'à l'année 1538 ; néanmoins nous n'hésitons pas à dire que sa fondation doit être regardée comme appartenant aux temps qui ont suivi de près les jours du miracle. Formée sur le modèle des jurandes ou corps de métiers, elle prenait ses administrateurs parmi ses membres, avait son *prince* et ses quatre hommes, et, chaque année, son trésorier rendait compte de sa gestion au Chapitre. Ses cent quatre-vingt-dix-neuf registres conservés aux Archives du Nord témoignent de l'ordre qui régnait dans son administration. Le prince et les quatre hommes, qui appartenaient toujours aux rangs élevés de la société, avaient une place distinguée dans la chapelle et faisaient eux-mêmes la quête le jour anniversaire du miracle, ainsi qu'aux grandes fêtes de l'année (1) ; ils étaient ce que sont de nos jours les marguilliers de l'église, car la Confrérie se confondait avec la paroisse.

Le nombre des confrères n'est spécifié que dans les anciens registres, et il est toujours de cinq à six cents. A leur entrée dans l'association, ceux-ci payaient leur inscription quatre sols s'ils étaient de la ville, et un gros seulement s'ils étaient étrangers. Nous voyons qu'en l'année 1592, trente-trois personnes du village de Cuincy étaient venues prendre rang parmi les associés.

Les principaux articles du règlement de la Confrérie étaient ainsi conçus :

1. Il faut se confesser et communier le jour de l'entrée.

---

(1) Registres de la Confrérie

2. Tous les confrères et consœurs réciteront une fois chaque semaine, à l'honneur du Saint-Sacrement, cinq fois le *Pater* et l'*Ave Maria*.

3. Ils accompagneront le Saint-Sacrement, quand on le portera aux malades ; s'ils ont quelque empêchement, ils réciteront une fois le *Pater* et l'*Ave Maria*, en faveur du malade.

4. Ils prieront les uns pour les autres, surtout pour les malades et pour les affligés.

5. Ils assisteront à la messe et à la procession de la Confrérie, les derniers dimanches de chaque mois.

6. Ils accompagneront le Saint-Sacrement, le flambeau à la main.

7. La dernière fête de Pâques, le jour de l'octave du Saint-Sacrement et le dernier jeudi du mois de juillet, ils assisteront aux offices qui se font dans l'église de Saint-Amé.

Voici la liste des indulgences qu'elle était heureuse d'offrir à ceux qui inscrivaient leurs noms dans ses registres :

INDULGENCES PLÉNIÈRES

Accordées par notre saint Père le Pape Paul V, aux confrères et aux consœurs.

1° Le jour de leur entrée, pourvu que, s'étant confessés et ayant communié, ils prient pour les fins ordinaires de l'Eglise.

2° Tous les ans, le jour de l'Octave du Saint-Sacrement, pourvu qu'ils visitent l'église de Saint-Amé, et qu'ils remplissent les autres conditions énoncées ci-dessus.

3° A l'article de la mort, moyennant la contrition, en prononçant le nom de Jésus.

AUTRES INDULGENCES

1° Au jour du Saint-Sacrement, les confrères et les consœurs, s'étant confessés et ayant communié, gagnent sept ans et deux cent quatre-vingts jours d'indulgence, pourvu qu'ils prient pour les fins ordinaires.

2° Toutes les fois qu'ils accompagneront le Saint-Sacrement porté, soit en viatique, soit en procession, ils gagneront cinq ans d'indulgence. S'ils sont empêchés, ils gagneront cent jours de pardon, en récitant une fois le *Pater* et l'*Ave Maria*, en faveur du malade.

INDULGENCES DE CENT JOURS

Accordées aux confrères et aux consœurs.

1° Qui assisteront à la grand'messe, ou à la procession, ou à la bénédiction du Saint-Sacrement qui se donne en la chapelle de la Confrérie, ou à quelque autre office divin qui se fait par les confrères dans l'église de Saint-Amé.

2° Qui assisteront aux funérailles de quelque membre de la Confrérie.

3° Qui visiteront le Saint-Sacrement dans ladite église le vendredi de chaque semaine et le jeudi de la Semaine-Sainte.

Le 10 mars 1625, Monseigneur le Révérendissime évêque d'Arras, Herman Ortemberg, a accordé quarante jours d'indulgence que les confrères pouvaient gagner :

1° Tous les derniers dimanches de chaque mois.
2° Tous les jeudis de chaque semaine.
3° Le mardi après Pâques, fête principale du Saint-Sacrement de Miracle.
4° Le jour de la Fête-Dieu, et tous les jours de l'octave :

Pourvu qu'ils visitassent l'église de Saint-Amé, et que, s'étant confessés et ayant communié, ils priassent pour les fins ordinaires.

Nous mentionnerons au chapitre suivant celles qui furent accordées par le Pape Clément XIV, et qui étaient offertes à tous les fidèles indistinctement.

La sollicitude de la Confrérie pour glorifier le Dieu caché dans le Sacrement de son amour ne s'étendait pas seulement à pourvoir à l'entretien de la chapelle et à la célébration des offices, elle propageait encore hors du temple des images qui représentaient le miracle, et des livres propres à alimenter la dévotion. Deux pieux écrivains se sont appliqués à composer de ces sortes d'ouvrages. L'écrit du premier, qui semble, d'après son style, dater de la fin du seizième siècle, est intitulé : *Abrégé de la dévotion au Très Saint-Sacrement, dédié aux confrères de la grande et illustre Confrérie du Très Saint-Sacrement de Miracle, canoniquement instituée dans l'insigne collégiale de Saint-Amé, par un prêtre chapelain de ladite église.* Ce livre, dont nous ne connaissons que la 3me édition (1), contient une épître dédicatoire remarquable par les sentiments de foi dont elle est remplie, et par la manière dont ces sentiments sont exprimés. Adressée aux membres de la Confrérie, elle mérite de trouver place dans cet opuscule : nous la transcrivons intégralement. La voici :

« Messieurs, j'emplirois des volumes, et je ne
» finirois d'écrire qu'en finissant ma vie, si je vou-
» lois rapporter icy tous les éloges que donnent les
» saints Pères à cet auguste Sacrement. Mais vou-
» lant abreger de parler de cet abregé des œuvres
» de Dieu, je conclus que, puisqu'il n'y a pas de
» plus grande merveille dans le ciel et la terre que
» ce sacré saint Sacrement de l'Eucharistie, aussi
» n'y a-t-il pas, et ne peut avoir de Confrérie plus

___

(1) Imprimé à Douai chez la veuve Antoine Dieulot, en 1674.

» grande, plus haute et sublime que la vôtre, tou-
» tes les autres n'étant que ruisseaux, mais celle-ci
» la source ; puisque vous avez encore (outre les
» autres Confréries du Saint-Sacrement, instituées
» en tant de lieux) le grand et prodigieux miracle
» que ce grand Dieu a fait dans votre sainte cha-
» pelle, où il s'est montré visiblement dedans
» l'hostie à si grand nombre de peuple ; et même
» à Thomas de Cantimpré, suffragant de Cambrai,
» qui étoit accouru au bruit de céte merveille,
» comme il rapporte lui-même au livre II *De Api-*
» *bus,* chap. 40.

» Voilà pourquoy, je vous congratule, ô chers
» et vénérables confrères, d'être associés à un mys-
» tère si haut et si prodigieux, et vous prie d'ap-
» porter aux piez de son infinité tout l'or des In-
» des, les perles d'Egypte, les saphirs, les rubis,
» et diamans de Turquie pour l'enrichir ; les ri-
» ches étoffes d'Italie pour l'orner ; les odeurs
» d'Arabie pour le parfumer ; les luminaires pour
» l'éclairer ; mais surtout vos cœurs pleins de feu
» pour l'aimer ; vos langues épurées pour le bénir,
» et publier à jamais l'excez admirable de son
» amour, pour dire et redire avec Isaye (1) : *Notas*
» *facite in populis ad inventiones ejus...* Et puis in-
» vitant toutes les créatures à la connoissance de

---

(1) « Annoncez au milieu des nations les inventions de son amour. » (Isaye, 12).

» votre fameuse Confrérie, dites avec le chantre
» royal (1) : *Venite et videte opera Domini, quæ*
» *posuit prodigia super terram.* Et moy en vous
» presentant ce petit abregé de dévotion je diray
» toute ma vie avec étonnement de ce mystère (2) :
» *Consideravi opera tua Domine, et timui;* ne dési-
» rant autre chose en ce monde, que de le voir
» adoré en vérité, servy en sincerité, aimé sans in-
» térêt ; mais sur tout de voir des adorateurs con-
» tinuellement prosternez à ses piez en cette sainte
» chapelle miraculeuse, et l'honneur d'être à ja-
» mais du nombre de ses confrères, et de ses cour-
» tisans pour l'adorer avec la foy en ce monde et
» à découvert en l'autre.

» Et de vos seigneuries
» Le tres humble et affectionné serviteur,
» O. B. Vulgò, P. Joseph. »

Le second ouvrage porte pour titre : *Pratique de dévotion au Saint-Sacrement de Miracle établie dans l'église collégiale de Saint-Amé à Douai, avec des réflexions pour chaque jour du mois sur les principales qualités de Jésus-Christ dans l'Eucharistie.* Il est écrit avec une noble simplicité ; ses réflexions

---

(1) « Venez et voyez les œuvres prodigieuses que le Seigneur a opérées sur la terre. » (Psaume 45).

(2) « Seigneur, j'ai considéré vos œuvres, et j'ai été frappé de crainte. » (Psaume).

sont empreintes d'un sentiment de piété vraie, douce et affectueuse qui touche le cœur sans exalter l'imagination. On en fit trois éditions dans un siècle : la première en 1683, la seconde en 1732, et la troisième, qui fut tirée à 2,500 exemplaires, en 1772 (1).

Les plus anciens registres de la Confrérie font mention des images qui semblent avoir été publiées avant le premier des livres dont nous venons de parler. Voici ce que nous lisons dans les comptes de la Confrérie concernant ces objets : « En 1597, » payé à Jean Bogard, pour avoir imprimé cent » images sur cuivre, et quatre cents sur bois (2). » En 1597, au même, « pour avoir imprimé un mil » d'images du vénérable Saint-Sacrement. » En la même année : « A frère Jacques Dusart, religieux » de l'ordre de Saint-Dominique de cette ville, » pour avoir peint six cents images à douze patars » le cent. » En 1607, « avoir payé au frère Jean » Touzé, religieux dominicain aux Bonnes-Nou- » velles à Arras, pour avoir fait et livré onze cents

---

(1) Une 4ᵐᵉ édition de cet ouvrage fut imprimée à Douai, en 1855, chez Mᵐᵉ veuve Ceret-Carpentier.

(2) Il y a encore à Douai quelques exemplaires d'une gravure sur bois qui semble être de cette époque, et à laquelle des dessins ont été ajoutés dans le siècle dernier pour en faire un petit drapeau que l'on donnait aux pèlerins, et que les confrères tenaient en main quand ils assistaient à la procession.

» d'images pour la Confrairie au prix de dix-huit
» sols le cent. » Enfin, en 1755, « payé à Wache-
» ront, pour une planche de cuivre, représentant
» le miracle et livrance de treize cents exemplaires,
» 97 florins 7 patars. » Cette dernière avait été
faite à l'occasion du Jubilé séculaire célébré l'année
précédente (1).

Ces livres et ces images étaient vendus au profit
de la chapelle ; mais il ne faut pas croire que ce qui
était perçu par la Confrérie, soit des oblations libres
des fidèles, soit en vertu de ses droits sur les offices
qui se célébraient à son autel, fût tenu en coffre
par son administration ou employé exclusivement à
décorer le lieu saint et à payer les ministres du
sanctuaire : les richesses de cette association
étaient comme un trésor de réserve où les maîtri-
ses des corps et métiers venaient puiser lorsqu'elles
manquaient de réssources. Sans parler d'une
somme de 2076 florins que lui emprunta le Chapitre en 1776, elle prêta au *corps et communauté* des
perruquiers de la ville, par contrat passé le 9 juillet
1747, un capital de trois cents florins, et quelque
temps après, un autre capital de onze cents. Elle
en prêta quinze cents aux orfévres, et à la date de

---

(1) Cette plaque de cuivre buriné existe encore ; elle appar-
tient à Mme veuve Courtray. On ne peut s'expliquer pourquoi le
graveur y a représenté un intérieur d'église autre que celui de
l'église Saint-Amé.

1754, *le corps* des chirurgiens devait lui payer une rente héritière de vingt-sept florins (1).

M. Plouvain, dans ses *Souvenirs à l'usage des habitants de Douai,* dit qu'il existait à Saint-Amé une grande et une petite Confrérie du Saint-Sacrement de Miracle. La véracité de ce vénérable écrivain qui, par ses recherches, a rendu tant de services à l'histoire de notre cité, est trop bien reconnue pour que nous osions le contredire. Néanmoins, nous devons déclarer qu'à notre grand regret nous n'avons pu rien découvrir concernant cette distinction établie entre les confrères. Nous sommes porté à croire que cette distinction n'était pas réelle, et que le peuple s'était accoutumé à la regarder comme telle en voyant des personnages de la haute société remplir aux grandes solennités les offices que d'honnêtes bourgeois remplissaient les autres jours. Voici du reste la note de M. Plouvain que nous transcrivons textuellement : « Cha-
» que paroisse avait sa confrérie du Saint-Sacre-
» ment. Il existait cependant une grande et une
» petite Confrérie à Saint-Amé. Les membres de
» la première ne figuraient que le jour et durant
» l'octave du Saint-Sacrement ; alors ils portaient
» le dais, faisaient la quête et avaient des flam-
» beaux chargés de papier bleu. Les membres de

---

(1) Registres de la Confrérie.

» la seconde Confrérie faisaient le service habituel
» de toute l'année, et leurs cierges n'avaient que
» du papier fleuragé en or. Les personnes les plus
» distinguées de la ville par leur rang formaient la
» grande Confrérie, et d'honnêtes bourgeois com-
» posaient la seconde. » Le manuscrit dont s'est
servi M. Plouvain pour rédiger ses *Souvenirs* sur
ce point, ajoute : « La Confrérie célébrait, le 29 et
» le 30 juillet de chaque année, l'anniversaire de
» son établissement. Les confrères assistaient à
» une procession qui se faisait à cette occasion
» dans le cloître. »

III

OFFICES CÉLÉBRÉS EN L'HONNEUR DU SAINT-SACREMENT
DE MIRACLE

Il n'y a aucun doute à élever sur l'antiquité de la fête célébrée, chaque année, en mémoire du miracle du Saint-Sacrement ; elle remonte aux années qui suivirent immédiatement l'opération de ce prodige ; elle avait lieu pendant les fêtes de Pâques. Quant à déterminer le jour précis qui fut consacré à cette solennité, la question peut paraître difficile à résoudre. Le Père Petit, dans son livre des *Fondations du couvent de la Sainte-Croix,* dit qu'elle varia du lundi au jeudi. L'abbé Canquelain parle aussi du jeudi. Pour ce qui regarde le lundi, l'assertion du Père Petit est toute gratuite ; nous ne trouvons rien qui puisse en présenter la preuve ; en lui assignant le jeudi, ce vénérable religieux ainsi que l'abbé Canquelain se fondent sur ce qu'anciennement les Dominicains prêchaient à Saint-Amé le jeudi après l'octave de Pâques. Nous croyons avoir démontré dans notre première partie comment il faut entendre la note tirée des archives du couvent des Dominicains, et sur laquelle ces deux écrivains s'appuient ; ils ne connaissaient sans doute pas le vieil usage de célébrer solennellement l'office du dépositoire d'une fête, lorsque l'octave de cette fête était terminée. Nous nous permettrons donc d'émettre une opinion différente de la leur, et nous dirons que la fête commémorative du miracle se célébra primitivement le mercredi de Pâques, jour auquel elle resta fixée jusqu'à ce que, pour permettre aux fidèles d'y assister plus commodément, elle fut placée au mardi. Nous éprouvons encore plus d'embarras pour déterminer l'époque précise à laquelle s'opéra ce changement. Lorsque Colvenère donna sa première édition du livre *De Apibus,* en 1597, la fête avait lieu le mercredi, ainsi qu'il nous l'apprend dans une note, et elle était transférée au mardi, en 1627, quand il fit imprimer la troisième. Nous aurions pu trouver cette date en consultant les actes capitulaires ; mais, nous l'avouons, après avoir examiné tous les registres de la Confrérie, nous n'avons pas eu le courage de compulser encore, pour trouver cette note, en elle-même peu importante, dix ou douze énormes manuscrits in-folio.

La date de l'institution de la procession est encore plus difficile à déterminer. A l'époque où s'opéra le miracle, la fête du Saint-Sacrement, instituée à Liége six ans auparavant, n'avait pas encore reçu la sanction canonique, et les processions dans lesquelles on porte la sainte Eucharistie étaient encore inconnues (1). Il est à croire que les chanoines de Saint-Amé ne commencèrent à la faire que lorsque celle du jeudi après le dimanche de la Trinité a été prescrite. La première fois que nous en voyons faire mention dans les manuscrits de la collégiale, c'est le 14 avril 1631. A ce jour les actes capitulaires portent : « Ordonnance que doréna-
» vant, à cause de la grande multitude de peuple, de
» faire plus grand tour à la procession du Saint-
» Sacrement de Miracle de cette église et pareille-

---

(1) La fête du Saint-Sacrement, appelée ordinairement la *Fête-Dieu*, fut instituée à Liége à la prière de sainte Julienne de Cornillon. L'ordonnance de l'évêque Robert de Torote qui la prescrivit dans son diocèse est de 1246. Elle fut célébrée pour la première fois en 1247. Son institution canonique eut lieu au Concile de Vienne tenu en 1311 par le Pape Clément V. Jean XXII en ordonna la célébration dans toute la chrétienté, avec ordre de faire une procession à laquelle on porterait la sainte Eucharistie. Cette loi fut mise à exécution en 1318.

» ment à l'octave du Saint-Sacrement, à savoir, de
» prendre par le Collége du Roi (aujourd'hui rue
» de la Fonderie) pour venir par Saint-Samson et
» le clocher. » Cette délibération nous dit assez
qu'auparavant on se bornait à faire le tour du clos
Saint-Amé. Le parcours prescrit en 1631 était encore suivi quand arriva la révolution qui mit fin à
ces solennités.

Sans nous arrêter plus longtemps à vouloir fixer
les incertitudes qui existent sur ces dates et ces
origines, hâtons-nous de dire que la fête du Saint-Sacrement de Miracle se célébrait avec une grande
pompe. Car on ne peut feuilleter un registre de la
Confrérie sans y voir portées en compte des sommes spéciales affectées à la cérémonie. Dès la
veille, le *cloqueman*, après avoir *batelé* les petites
cloches, faisait *bondir* la plus grosse, et lorsque
celle-ci eut été brisée par un boulet de canon pendant le siége de 1712, les échevins voulurent bien
accorder au Chapitre l'usage de celle du beffroi en
attendant que *Maurandine* fût refondue. Pour donner plus d'éclat à la fête et plus d'espace à la foule
qui venait se presser dans la basilique, un autel
portatif garni de lauriers et de fleurs était dressé
dans la grande nef (on trouve cet usage en vigueur
jusqu'en 1716); des musiciens étaient appelés pour
jouer des symphonies pendant l'office, et mêler aux
harmonies de l'orgue les accords des violes et des
hautbois. N'oublions pas de spécifier les décora-

tions de la grande nef et de la chapelle du Saint-Sacrement. Simples comme la foi de nos pères, elles paraîtraient aujourd'hui fort originales ; alors elles pouvaient passer pour être de très bon goût. On trouve dans les comptes de chaque année, jusqu'en 1637, un achat « de *nieules* et cordelettes servant à tendre en l'église et chapelle » pour l'office du Saint-Sacrement. La note de l'année 1596 spécifie « un demi-cent de nieules pour pendre aux croisures. » On attachait donc aux murailles de la chapelle et aux colonnes de la nef des cordes légères qui s'étendaient d'un côté à l'autre de l'église, et de distance en distance on y appendait des nieules, c'est-à-dire de grands pains d'autel. Nous aimons à voir dans ces décorations un symbole du miracle du Saint-Sacrement. Ces nieules suspendues dans l'air ne rappelaient-elles pas l'hostie qui se releva d'elle-même, traversa l'espace et alla se placer sur l'autel. Peut-être trouvera-t-on imaginaire l'explication de ce genre de décor ; on pourrait penser que ces cordelettes étaient revêtues de buis, et formaient des guirlandes ; mais il nous semble qu'en y voyant un emblème, nous entrons dans l'esprit de ces temps où nos pères se plaisaient toujours à symboliser les faits dont ils célébraient la mémoire.

Le sermon de la fête était prêché par un Père dominicain, en souvenir probablement de Thomas de Cantimpré. Ce discours ne paraît pas avoir été prononcé toujours à jour fixe ; il se donnait tantôt le jour du miracle et tantôt le lendemain de l'octave ; dans le dernier siècle on prêchait l'octave entière. Nous avons déjà dit que le père Billuart s'était fait entendre en cette occasion ; nous ajouterons que ses sermons qui sont imprimés et qui ont dû être prêchés vers l'année 1725, sont une sorte de monument élevé à la gloire du Saint-Sacrement de Miracle. Celui surtout par lequel il ouvrit son octave, et qui traite des dispositions à la sainte communion, peut passer pour un chef-d'œuvre. L'orateur, expliquant les trois apparitions de Notre Seigneur dans le miracle, montre que pour communier, il faut avoir l'innocence de l'enfant, l'esprit de pénitence que prêche la croix et le respect qui convient devant la sévérité du juge.

Les défunts n'étaient pas oubliés dans ces solennités ; le lendemain de la fête, on célébrait un service pour les confrères et consœurs qui n'étaient plus.

Après les cérémonies de l'anniversaire du miracle et de l'octave qui le suivait, d'autres solennités étaient encore destinées à honorer le Saint des Saints dans le sacrement de son amour. Sans parler de la *Fête-Dieu,* qui se célébrait chaque année avec magnificence, le dernier dimanche de chaque mois était consacré au Saint-Sacrement de Miracle ; on y chantait le soir un salut solennel en son honneur, et le jeudi de chaque semaine, pendant la journée, au moins dans le dernier siècle, les confrères, avertis par une invitation spéciale et particulière à chacun d'eux, venaient à tour de rôle se prosterner durant une heure dans la chapelle pour y adorer Jésus-Christ présent sous les apparences du pain, et exposé dans l'ostensoir sur l'autel.

Certes, toutes ces fêtes qui se renouvelaient, qui s'amenaient, pour ainsi dire, les unes les autres, étaient bien propres à entretenir et à activer la foi ; aussi les communions étaient-elles nombreuses dans la chapelle du Saint-Sacrement, et le sermon de Billuart cité plus haut, nous donne à entendre que l'usage de la communion fréquente y était très suivi. Nous avons relevé, année par année, le nombre des communions qui s'y sont distribuées depuis l'année 1590 jusqu'en 1790. Ce nombre est constaté dans les registres par le trésorier qui porte en compte ce qu'il a payé, pour les pains d'autel, aux religieuses de Saint-Thomas qui les livraient. Voici le résumé de cette nomenclature qu'il serait trop long de détailler. A la fin du XVIe siècle, ce nombre était de trois à quatre mille. De l'année 1600 à l'année 1650, il varie de quatre à dix mille. De l'année 1650 à l'année 1700, il varie de six mille à seize mille ; on en consomma dix-sept mille cinq cents en 1686. De l'année 1700 à l'année 1750, il est de quatre mille à huit mille ; enfin, de l'année 1750 à l'année 1790, il est de six mille à quatorze mille. En 1754, année du jubilé séculaire, on en distribua dix mille, et dix-huit mille en 1778. Le compte de l'année 1590, le seul où l'énumération soit détaillée, nous paraît devoir être transcrit intégralement : « Le 17 mai 1589, acheté 500 pains à communier; 5 juin, 200; 3 juillet, 300; 17 août, 300; 14 septembre, 100; 12 octobre, 300; 1er novembre, 200; 7 décembre, 100; 24 décembre, 200; 8 janvier de l'année 1790, 200; 8 février, 200; 20 mars, 600; 5 avril, 200; » Total, 3,400. Les variations assez importantes que l'on remarque entre une année et celle qui la suit s'expliquent par la variation qu'il y eut dans le nombre des pèlerins, et surtout par les jubilés qui furent accordés à ces époques.

Un usage, ancien vestige de la communion sous les deux espèces, se conserva dans la chapelle du Saint-Sacrement de Miracle jusqu'en l'année 1620 : il consistait à présenter du vin à boire, les jours de Pâques et de Noël, à ceux qui venaient de communier. On lit dans les redditions de compte du trésorier jusqu'en cette dernière année inclusivement : « Payé pour quatre pintes de vin pour accommunier le peuple le jour de Pâques; pour deux pintes pour accommunier le jour de Noël. » En 1614, nous voyons figurer le vase dont on se servait en ces circonstances : une dépense est affectée à payer « l'orfèvre qui a resoudé le gobelet d'argent servant à la chapelle pour communier; » et dans l'inventaire de 1382 figure un *buot* (chalumeau) *d'argent pour accommunier* (1).

Nous terminerons ce chapitre par le Bref du pape Clément XIV qui accorde de nombreuses indulgences à ceux qui assistent à certains offices dans la chapelle du Saint-Sacrement.

CLÉMENT XIV, PAPE.

« A tous les fidèles qui les présentes liront, salut et bénédiction apostolique. Dans Notre empressement à augmenter, à l'aide des trésors célestes de l'Eglise, la dévotion des fidèles et le salut des âmes, Nous accordons bien volontiers, au nom du Seigneur, pour chaque année, à tous les fidèles de l'un et de l'autre sexe, qui, vraiment contrits, s'étant confessés et ayant communié, visiteront, le troisième jour de la fête de Pâques et les sept jours qui suivent immédiatement, l'église collé-

---

(1) Les évêques, dans leurs assemblées synodales, s'occupaient de cet usage. Dans le synode tenu à Cambrai, en 1604, par l'archevêque Guillaume de Berghes, on recommanda aux pasteurs d'avertir les fidèles que l'ablution qui leur était donnée après la sainte communion n'était que simplement du vin, et il fut réglé que cette ablution ne devait point être présentée dans un calice consacré, mais, autant que faire se pouvait, dans un autre vase. Vanderburck renouvela ces prescriptions en 1631. Cet usage était encore suivi à Douai, il y a quelques années, à la cérémonie de la première communion des enfants ; il a été aboli parce qu'il donnait lieu à quelques abus.

giale de Saint-Amé, à Douai, dans le diocèse d'Arras, et y adresseront à Dieu de ferventes prières pour le maintien de la concorde entre les princes chrétiens, pour l'extirpation des hérésies et l'exaltation de la sainte Eglise catholique, une indulgence plénière et la rémission de leurs péchés, à gagner une fois chaque année par chacun des fidèles dans l'espace des huit jours désignés. Nous accordons en outre, au nom du Seigneur, bien volontiers, à tous les fidèles qui, pareillement contrits, s'étant confessés et ayant communié, auront pieusement assisté, pendant quelque temps, à l'exposition du très Saint-Sacrement qui se fera dans ladite église avec la permission de l'Ordinaire, le jour de la solennité du très Saint-Sacrement et les sept jours qui suivent immédiatement, et aussi à chaque jeudi de l'année, et y prieront aux intentions ci-dessus indiquées, une indulgence plénière et la rémission de tous leurs péchés, à gagner une fois par chacun des fidèles dans l'espace des huit jours susdits. Nous voulons aussi que chacun des fidèles qui, de même vraiment contrit, s'étant confessé et ayant communié, aura pieusement assisté à l'exposition du Très Saint-Sacrement qui se fera dans ladite église avec la permission de l'Ordinaire, un jeudi de chaque mois qui doit être désigné par le même Ordinaire, et y priera aux intentions ci-dessus indiquées, obtienne une indulgence de sept ans et sept quarantaines le jour où il aura rempli les conditions indiquées. Quant aux autres jeudis de l'année, Nous remettons, dans la forme accoutumée de l'Eglise, cent jours de pénitence infligée ou due de quelque manière que ce soit. Les présentes valables à perpétuité, nonobstant toute clause précédente contraire.

» Donné à Rome, à Sainte-Marie-Majeure, sous l'anneau du Pêcheur, le 19 avril 1771, de notre Pontificat la seconde année.

» A., Cardinal Stigronus. »

« Nous avons permis et permettons la publication, en notre diocèse, du susdit Bref, selon sa teneur, et nous désignons, pour obtenir les faveurs qu'il mentionne, le dernier jeudi de chaque mois.

» Arras, 15 mai 1771.　　» Pechena, vic.-gén.

» Par mandement :
» Malbaux. »

IV

DONATIONS ET FONDATIONS.

Nous ne croyons pas qu'il soit nécessaire d'étendre notre travail jusqu'à énumérer toutes les donations qui ont été faites à la chapelle du Saint-Sacrement de Miracle ; nous nous bornerons à dire que les fidèles contribuaient comme à l'envi à décorer ce sanctuaire dont les murailles, en ces derniers temps, étincelaient *d'ex-voto* d'argent et d'or. On voit chaque année le trésorier recevoir des *bagues d'épousailles*, des croix, des chaînes d'or, et surtout des *agnus d'or* destinés à orner l'ostensoir, et en mourant la plupart des chanoines veulent que le Saint-Sacrement soit compté parmi ceux qui doivent hériter de leur bien. En 1648, « une personne demeurant en la ville de Lille, loyate une lanterne d'argent aux trois chandeliers aussi d'argent y joindante en forme de candélabres pesantes sept livres et demie. » Un sieur Maurand Le Comte fonde l'huile de la lampe qui doit brûler devant l'autel ; le chanoine de Monchy fonde « un flambeau pour éclairer le Vénérable tant aux processions qui se font aux saluts que lorsqu'on le porte aux malades. » Et M. de Graincourt, bailly de la ville de Douai, les messes des octaves du Saint-Sacrement. Parmi les noms des nombreux bienfaiteurs, on distingue surtout ceux du chanoine Trigault, du chanoine Lepillet et de Madame de Belleforière.

Voici l'état des obits de fondation qui se célébraient dans la chapelle en 1790 :

Dans le mois de janvier.

OBITS POUR :

André Taisne.
Le chanoine Daniel.

Antoine Délecourt.
Elisabeth Lepillet.
Antoine Delleuri.

Après l'obit pour M. Delleuri, qui avait été vice-curé de la paroisse, le Chapitre, d'après l'acte de fondation, était tenu à faire une distribution de pain à douze pauvres.

Février.

Jean Delahaye.
Laurence Dumont.
Sébastien Prévot.
Robert Lepillet.

Mars.

Guillaume Caudron.
Ses trois enfants.
Madame de Nédonchel.

Avril.

Le chanoine Robert Lepillet.
Catherine Taisne.

Obits dits *des Quatre-Temps.*

Luce Vernez.
Suzanne Dumont.
Jeanne Délerue.
Charles Marga.
Philippe Caron.
Jeanne de Ricquebourg.
Pierre Barbou.

Mai.

Robert Delaunay.
Messire Lelong, ancien prévôt du Chapitre.
Marguerite Hossart.
Robert Vermeille.

Juin.

Guillaume Roussel.
Le chanoine Nicolas Marquette.
Mademoiselle Jean de Belleforière.
Dominique Le Sellier.

Juillet.

Michelle Landru.
Jean Leboucq.
Philippe Aveghère.
Les parents de Philippe Aveghère.
Ogier Caron.
Joseph Piron et sa femme.

Août.

Robert Maillot.
Marie Lallard.
Claudine Hauwelle.
Le chanoine Dufour.

Septembre.

Quatre messes dites de *Recordare*.
Le sieur Isembart.
Le Père Antoine Delleury.
La mère d'Antoine Delleury.

Octobre.

Messe de saint François, fondée par Sylvius.
Sieur Baudrin, écuyer seigneur de Thunes.
Antoine Hossart.
Maximilien Dieulot.

Novembre.

François Raout (de Flers).
Charles Albert.
Rose Vermeille, femme de François Raout.
Le chanoine Delvigne.
Philippe Roussel.
Catherine Huez.
Le chanoine Trigault.
Marie Dumesnil.
André Castelain.
Antoinette Carbonnelle.

Décembre.

Bernard Caille.
Isembart Caudron.
Enfants de François Raout et Rose Vermeille.

On célébrait en outre, pendant l'année, quarante-huit obits auxquels aucun nom n'était attaché, et que l'on appelait les obits d'ancienne fondation ; de plus, six autres dits de nouvelle fondation.

Deux fois par semaine, une messe était célébrée pour le repos de l'âme de Madame Lepillet ; une le dernier vendredi de chaque mois pour M. Le

Sellier, et une tous les vendredis après matines, pour M. de Monchy, ancien chanoine et grand chantre ; treize pauvres y recevaient chacun un pain. Cette dernière fondation était acquittée par le Mont-de-Piété de Douai, à qui le charitable chanoine avait fait un legs considérable en stipulant cette condition.

Il y avait à la collégiale un grand nombre d'autres fondations, mais nous n'en dirons rien ; il n'entre dans notre sujet que de parler de celles faites à la chapelle du Saint-Sacrement.

TROISIÈME PARTIE.

JUBILÉ SÉCULAIRE DE 1754.

Pendant cinq siècles, Douai n'avait cessé de montrer sa foi et sa piété au Saint-Sacrement de Miracle. Mais les donations, la confrérie, la procession commémorative de chaque année, ne semblèrent plus des hommages assez grands. Loin d'effacer le souvenir du célèbre prodige, les siècles semblaient le rendre plus vivace dans l'esprit des Douaisiens. On voulut, au retour de l'anniversaire séculaire, célébrer une de ces fêtes que la Flandre seule sait organiser, et donner à ces pompes une splendeur qui égalât au moins ce que l'on avait admiré aux solennités semblables célébrées à Cambrai et à Lille quelque temps auparavant. Au milieu du dix-huitième siècle, tandis que Voltaire était le roi de l'opinion publique, ces magnificences religieuses, ces démonstrations qui sont les actes de foi d'une société, semblaient inspirées par la Providence pour protester contre la fureur impie du patriarche de Ferney et de ses adeptes.

L'abbé Canquelin, dans ses *Mémoires,* nous

assure que chaque siècle a vu l'anniversaire centenaire du miracle se célébrer, dans l'église Saint-Amé, avec une pompe inusitée ; néanmoins nous ne croyons pas qu'en l'année 1654 ces solennités se soient faites avec grande magnificence ; nous n'en trouvons aucun vestige, les actes capitulaires n'en font nulle mention. A cette époque, il en a été sans doute à Douai comme à Cambrai et à Lille ; la contrée était le théâtre des guerres que se livraient la France et l'Espagne ; il n'était pas possible, au milieu de tant de désastres et de ruines, de songer à des fêtes splendides. Nous pensons d'ailleurs que ces grandes fêtes séculaires n'ont pris naissance, au moins pour ce qui regarde nos provinces, que vers le siècle dernier.

Le Chapitre se prépara longtemps d'avance à cet anniversaire ; le 2 mars, dans une assemblée générale présidée par le doyen, M. Bruneau de Wassignies, il résolut que sans rien changer à l'octave de Pâques, la solennité de la commémoration du miracle serait célébrée avec octave le 21 juillet ; que l'on inviterait Monseigneur l'évêque d'Arras, à officier le premier jour, et le Chapitre de Saint-Pierre le dernier (1). Le 22 avril, dans une assemblée semblable, on décida que l'autel serait placé, pour la fête, au milieu de la grande nef ; l'itinéraire de la procession fut adopté, les

(1) Actes capitulaires.

prédicateurs choisis, et M. le doyen fut prié d'inviter, au nom du corps capitulaire, Messieurs les membres du Chapitre de Saint-Pierre, de l'Université, de la Gouvernance, du Magistrat, de l'état-major, les corps religieux et les séminaires, à assister à la procession (1).

Une supplique, adressée au Souverain-Pontife pour obtenir des indulgences à l'occasion de la fête, avait été favorablement accueillie à Rome ; les chanoines reçurent, vers la fin de juin, le Bref suivant que Monseigneur l'évêque d'Arras s'empressa de fulminer :

BENOIT XIV, PAPE.

« A tous les fidèles qui les présentes liront,
» salut et bénédiction apostolique. Pressé par une
» pieuse charité d'augmenter, à l'aide des trésors
» célestes de l'Eglise, la dévotion des fidèles et de
» procurer le salut des âmes, Nous accordons
» bien volontiers, au nom du Seigneur, à tous les
» fidèles de l'un et de l'autre sexe qui, vraiment
» contrits, s'étant confessés et ayant communié,
» visiteront, dans l'espace de neuf jours consécu-
» tifs désignés par l'Ordinaire, l'église collégiale
» de Saint-Amé à Douai, dans le diocèse d'Arras,
» et adresseront à Dieu de ferventes prières pour

---

(1) Actes capitulaires.

» le maintien de la concorde entre les Princes
» chrétiens, pour l'extirpation des hérésies, et
» l'exaltation de la sainte Eglise catholique, une
» indulgence plénière et la rémission entière de
» leurs péchés, à gagner une seule fois par chacun
» des fidèles dans l'espace des neuf jours fixés. Les
» présentes valables pour une seule fois. Mais si,
» pour obtenir, permettre, admettre ou publier
» les présentes, un don de quelque valeur qu'il
» soit a été fait, ou même une offrande volon-
» taire a été reçue, Nous voulons qu'elles soient
» nulles.

» Donné au castel Gondolfo, diocèse d'Albano,
» sous l'anneau du Pêcheur, le trentième jour de
» mai, l'an 1754, de notre pontificat le quatorzième.

» Pour Monseigneur le cardinal Passioneo,
» Jean Florius, substitut. »

Fulmination.

Nous permettons que le susdit Bref apostolique soit publié, selon sa teneur, dans notre diocèse, et nous assignons, pour gagner l'indulgence qu'il renferme, le vingt-unième jour du mois de juillet courant et les autres huit jours suivants.

Donné à Arras, le 6 de juillet 1754.

† Jean, *évêque d'Arras.*

Par mandement :

Pechena, *secrétaire* (1).

---

(1) Archives du Nord.

L'échevinage de Douai rivalisa de zèle avec le Chapitre pour donner à la fête séculaire la pompe qu'elle réclamait, et offrir en quelque sorte au Saint-Sacrement l'hommage de la cité tout entière. Ses membres, après avoir voté une somme de sept mille florins (1) destinée à payer les frais des chars de triomphe, du reposoir de l'Hôtel-de-Ville, des jeux et du feu d'artifice, envoyèrent des programmes de la fête à leurs collègues de toutes les villes de la province et d'au-delà, avec des lettres d'invitation ainsi conçues :

« A Douai, ce 10 juillet 1754.

» Messieurs,
» Nous vous envoyons des exemplaires conte-
» nant la description d'une procession séculaire
» qui doit se faire en cette ville le 21 du présent
» mois ; nous vous prions de les faire publier et
» afficher ès lieux ordinaires. Nous y joignons quel-
» ques programmes que nous avons l'honneur de
» vous présenter. Nous désirons trouver les occa-
» sions de vous en témoigner notre reconnais-
» sance et de vous prouver qu'on ne peut être plus
» parfaitement,
» Messieurs,
» Vos très-humbles et très-obéissants serviteurs.
» LES ÉCHEVINS DE LA VILLE DE DOUAI. »

(1) *Ephémérides de Douai*, par M. Plouvain.

Toutes les classes de la société suivirent l'exemple des Magistrats. Les riches mirent à la disposition du Chapitre leurs argenteries (1) qui pouvaient servir à la décoration de l'autel et de l'église. Un sieur Descarpentries fit présent d'un dais en cuivre doré garni de draperies de velours brodé d'or, du prix de quatre mille quatre cents florins (2). Des dames brodèrent un magnifique voile de bénédiction (3). Les confrères du Saint-Sacrement offrirent des lanternes de procession d'argent massif du poids de deux cent quatre-vingt-trois marcs. Le peuple disposa des guirlandes et des drapeaux pour orner les rues de la cité et les façades des maisons.

Quelques jours avant la fête, les dignitaires du Chapitre se rendirent à Vitry (4) pour y recevoir Monseigneur l'évêque d'Arras qui, sur l'invitation qu'on lui avait adressée, voulait bien venir présider les pompes qui se préparaient ; toute la population, déjà remplie d'enthousiasme, se porta au-devant du prélat qui entra solennellement en ville et descendit chez M. Demolin, chanoine et grand chantre de la collégiale.

Pendant ce temps-là, l'église, fermée aux fidèles, se couvrait de tapisseries, d'arbustes, de guirlan-

---

(1) Actes capitulaires.
(2) Actes capitulaires.
(3) Actes capitulaires.
(4) Actes capitulaires.

des et de fleurs ; de tous côtés étincelaient des candélabres d'argent garnis de cierges ; l'autel, entouré des châsses de saint Maurand et de saint Amé, chargé de toutes les richesses que renfermait le trésor, était éblouissant de magnificence (1).

Enfin le jour si impatiemment attendu par la cité, annoncé la veille par toutes les cloches de la ville, à Douai et tous les lieux d'alentour, se leva. Le dimanche 21, à cinq heures du matin, le Saint-Sacrement fut exposé sur l'autel dressé dans la grande nef. A six heures, Monseigneur l'évêque d'Arras, que deux députés du Chapitre étaient allés prendre chez M. le grand chantre, s'avança vers le grand portail de l'église où tout le corps capitulaire, revêtu de chappes d'or, l'attendait (2), et bientôt l'office commença. M. l'abbé Parent, chanoine de la cathédrale d'Arras, prêcha à l'offertoire.

Immédiatement après la messe, la procession se mit en marche et suivit l'itinéraire tracé dans le programme, savoir : la rue du Clocher-Saint-Amé, la Petite-Place, la rue de la Massue, le Marché-aux-Poissons, les rues du Palais, du Vieux-Gou-

---

(1) La direction de la décoration de l'église avait été confiée à M. le doyen ; des sentinelles avaient été requises pour veiller, pendant la nuit, à la garde des richesses qu'elle renfermait. (Actes capitulaires).

(2) Actes capitulaires, délibération du 15 juillet.

vernement, des Wetz, des Malvaux, des Jésuites, Saint-Jacques, de Bellain, de la Halle, du Pont-à-l'Herbe et des Dominicains.

Voici l'ordre de la procession, tel que nous le trouvons dans le programme qui fut publié :

La procession commence par les enfants de la Charité générale portant chacun en main des banderoles qui représentent le Très Saint-Sacrement de Miracle. Ils ont à leur tête des timbales, cors de chasse et hautbois.

PREMIÈRE MARCHE.

Le premier miracle figuré par le sacrifice de Melchisédech.

L'ouverture de cette marche se fait par une troupe d'anges tutélaires de la ville de Douai et de l'église de Saint-Amé, portant les armoiries qui distinguent l'une et l'autre. Le principal d'entre eux porte sur la banderole de sa trompette ces mots : *Deus absconditus hominibus revelatur* (un Dieu caché se manifeste aux hommes). Suivent un timbalier et des trompettes, puis Abraham avec sa troupe victorieuse d'une part, de l'autre les cinq rois et les autres captifs délivrés précèdent le grand-prêtre Melchisédech. Le sacrificateur paroît sur un phaéton, offrant avec ses assistants, sur un autel qui y est élevé, du pain et du vin au Dieu des armées. Alors suit un char qui représente le Sauveur sous la forme d'un enfant. Ce char est précédé d'une troupe d'enfants vêtus de blanc portant des banderoles de même couleur, symbole de leur candeur. Un ange est le conducteur de cette troupe innocente.

La marche est fermée par une compagnie bourgeoise faisant escorte au Sauveur.

SECONDE MARCHE.

Second miracle figuré par le sacrifice d'Abraham.

La Foi, la Force, l'Espérance, l'Obéissance, sur divers phaétons, ouvrent la marche : suit un petit char où est représenté Abraham prêt à immoler Isaac. A la suite de ce char vient la bourgeoisie vêtue à l'espagnole, excitée par la célébrité du miracle ; elle est suivie d'un grand char représentant le second miracle. Le Sauveur y paroît sur un autel magnifique dans l'état d'un homme parfait.

Une compagnie bourgeoise faisant escorte au Saint-Sacrement de Miracle termine cette marche.

TROISIÈME MARCHE.

Le troisième miracle où Jésus-Christ se fit voir en juge réprouvant ceux qui le reçoivent sacrilégement, et prédestinant les autres, figuré par le sacrifice d'Abel et celui de Caïn.

L'ouverture de cette marche se fait par un ange portant ces mots sur la banderole de la trompette qu'il tient à la main : *Nunc judicium est mundi* (dès à présent commence le jugement du monde).

Paroissent sur deux phaétons marchant de front Abel et Caïn offrant leur sacrifice.

Succède à ces phaétons la noblesse du pays à cheval ; elle vient rendre hommage à l'auguste Sacrement de Miracle, et est précédée par ses écuyers.

Après elle vient le troisième char qui représente le troisième miracle. Jésus-Christ y paroît en juge, la foudre à la main, assis sur une nue surmontée d'un arc-en-ciel.

Cette marche est terminée, comme les précédentes, par une compagnie bourgeoise escortant le Très Saint-Sacrement de l'autel.

QUATRIÈME MARCHE.

Triomphe de Jésus-Christ et de son Eglise dans la divine Eucharistie, dont les trois miracles arrivés à Saint-Amé confirment invinciblement le dogme. Il est figuré par le triomphe de l'arche d'alliance portée de la maison d'Obédédom dans la sainte cité de Sion.

Cette marche est ouverte, d'un côté, par les lévites tenant leurs instruments, de l'autre, par les officiers de la cour de David et les principaux du peuple. Au milieu des deux rangs est traîné un phaéton portant un autel avec la victime déjà enflammée.

A quelque distance de là, David, la harpe à la main, marche devant l'Arche sainte portée sur un phaéton, avec le grand-prêtre et deux lévites gardiens de l'Arche.

Suit le roi de France avec sa garde, le belliqueux comte de Montfort et les autres seigneurs qui, par les ordres du roi, ont combattu les Albigeois, hérétiques qui, dans le douzième et le treizième siècles, nioient la présence réelle de Jésus-Christ dans l'Eucharistie.

Marche ensuite un grand char représentant le triomphe de Jésus-Christ et de l'Eglise dans l'Eucharistie.

Cette marche est encore fermée par une compagnie bourgeoise.

A la représentation succède le corps de la procession, qui commence par une cavalcade composée d'une partie des écoliers du collége de la Compagnie de Jésus, ayant à leur tête des timbales et des trompettes. Le reste, tant philosophes qu'humanistes, marche portant des flambeaux sur deux lignes au milieu desquelles paroissent les guidons et les étendards de chaque classe. Les deux congrégations bourgeoises suivent immédiatement lesdits écoliers avec leurs guidons et portant aussi des flambeaux.

Suit un clergé nombreux composé tant des membres des deux Chapitres de cette ville que d'un nombre considérable d'ecclésiastiques qui demeurent dans différents séminaires ; et Monseigneur l'évêque d'Arras, sous un dais magnifique, porte le Très Saint-Sacrement. Plusieurs enfants richement vêtus portent, les uns des encensoirs, les autres de l'encens et des parfums ; d'autres enfin portent des corbeilles de fleurs pour les jeter devant le Très Saint-Sacrement, et en joncher les rues.

Le corps de l'Université, du siége royal de la Gouvernance, aussi avec des flambeaux, suivent le Très Saint-Sacrement.

Après cette description, le programme annonce que les habitants des différents quartiers par où la procession doit passer se sont disposés, pour marquer leur zèle et leur piété envers le Saint-Sacrement, à faire de distance en distance cinq magnifiques reposoirs où l'on donnera la bénédiction, et que Messieurs du Magistrat, animés du même esprit de reconnaissance pour le miracle signalé dont le Seigneur a honoré leur ville, et en vue d'en témoigner la joie qu'il doit naturellement inspirer, feront tirer vers les neuf heures et demie du soir un feu d'artifice, et que toutes les rues seront illuminées.

Ajoutons quelques détails que le programme passe sous silence et dont la connaissance nous est donnée par un document tiré des archives de la Mairie : dès le matin, la garnison entière prit les armes ; l'infanterie bordait la haie sur le parcours de la procession, et la cavalerie était rangée en bataille sur la place d'Armes, au milieu de laquelle s'élevait un obélisque orné de devises et de symboles en rapport avec le sujet de la fête. Dans ses *Souvenirs,* M. Plouvain spécifie le reposoir dressé près de l'église Saint-Jacques, et qui était ombragé de deux superbes tilleuls en fleurs produisant le plus bel effet.

Tel est le récit froid et décoloré de cette magnifique procession. Mais quand, se reportant à un siècle en arrière, on contemple des yeux de l'esprit cette pompe à laquelle nos pères ont pris part, et qu'on la voit défiler dans son ensemble, on assiste à un des plus beaux spectacles qu'il soit possible de voir au monde. Que l'on se représente, en effet, sous le ciel le plus pur, au bruit du canon et de toutes les cloches de la ville, ce cortége se déroulant à travers les rues de la cité dont toutes les maisons sont pavoisées de tentures et de feuillage, avec ses chars de triomphe, rappelant l'ancien et le nouveau Testament; ces corps de musique, ces corporations, ces confréries, les colléges, les séminaires, puis les ordres religieux aux costumes si variés, les chanoines de Saint-Pierre et de Saint-Amé revètus de leurs plus riches ornements; enfin, sous un dais splendide dû à la munificence d'un douaisien, l'évêque d'Arras portant entre ses mains la divine Eucharistie, et, derrière le dais, marchant en portant le flambeau, symbole de leur foi, tous les magistrats que la cité compte dans son sein. Que du haut de l'estrade d'un de ces cinq reposoirs élevés par la piété des habitants des divers quartiers que traverse la procession, on contemple cette foule innombrable de peuple accourue des villes voisines et des villages des environs, recueillie et tombant à genoux devant le Dieu qu'elle adore, on ne peut s'empêcher de s'écrier que Douai est bien l'une des cités de la catholique Flandre, et que dans ses pompes magnifiques organisées pour honorer le Dieu caché de l'Eucharistie, elle a même surpassé Cambrai et Lille, ses sœurs, qui ont rendu naguère un solennel hommage à leur Patronne, la Mère de Jésus-Christ.

Après la procession, divers jeux furent organisés par le Magistrat, et un somptueux banquet fut donné à l'Hôtel-de-Ville. A ce banquet assistèrent Monseigneur l'évêque d'Arras, Messieurs le premier Président et le Procureur-général, les présidents de Calonne et Bruneau, les conseillers de Franqueville et Vandermersch, les chanoines de Saint-Amé, trois députés du Chapitre de Saint-Pierre, trois de la Gouvernance, trois du Magistrat, le lieutenant du Roi, le major de la place, l'ingénieur en chef et le commandant de l'arsenal (1).

La journée fut terminée par une illumination

---

(1) Actes capitulaires.

générale et un feu d'artifice tiré sur la place d'Armes.

Dans les divers épisodes de cette solennité, Douai a dignement soutenu la réputation que les fêtes de Flandre ont toujours eu en Europe.

Pendant l'octave qui suivit la belle journée que nous venons de décrire, la messe fut chantée solennellement chaque jour, à dix heures et demie, et à cinq heures et demie du soir se fit, au salut, la prédication par des religieux de différents corps, dans l'ordre suivant :

Lundi, par le R. P. Jean l'Evangéliste, de Tournai, capucin ;

Mardi, par le R. P. Augustin Douchet, prieur du grand couvent des Dominicains, à Douai ;

Mercredi, par le R. P. Simon Stock, sous-prieur des Carmes-Chaussés ;

Jeudi, par le R. P. Colle, recteur du collége des Jésuites de Douai ;

Vendredi, par le R. P. Illuminé Wilfer, lecteur en théologie, récollet-wallon ;

Samedi, par le R. P. Ferdinand Cordier, docteur en théologie, prieur des Augustins de Lille.

Le dimanche, l'office fut célébré par le Chapitre de Saint-Pierre, qui se rendit solennellement à Saint-Amé. Après les vêpres, M. de Boulogne, chanoine de l'église métropolitaine de Cambrai, donna le discours de clôture ; la procession parcourut les principales rues de la paroisse, et le chant du *Te Deum,* suivi de la bénédiction du Saint-Sacrement, mit fin aux solennités séculaires (1).

On ne lira pas sans intérêt un extrait du compte de la ville dans lequel sont détaillées les dépenses faites par l'échevinage à l'occasion de la solennité :

Au sieur Blasselle, pour plusieurs avances et débours par lui faits à divers particuliers.	1664	13	4
Audit Blasselle, pour dépense de bouche faite à l'occasion de ladite solemnité séculaire	379	10	6
A M. Houzé, échevin moderne, pour le prix de quatre chars de triomphe que MM. du Magistrat de Lille ont bien voulu céder à la ville de Douai	500	»	»
Au sieur Bayard, sellier demeurant à Lille, pour l'achat et prix des quatre trains et volées qui ont servi aux quatre chars de triomphe achetés au Magistrat de Lille. .	368	»	»
Au nommé Boutry, artificier de Lille, pour livrance par lui faite des artifices et lampions, et autres débours	704	»	»
A Romain Delacroix, aubergiste, pour avoir nourri et logé ledit Boutry et son fils, pendant le temps qu'ils ont été employés en cette ville, tant pour accommoder les lampions, que pour ajuster le feu d'artifices .	45	»	»

(1) Actes capitulaires et programme.

Au nommé David, menuisier, tant pour livrance de bois du reposoir et de la balustrade, que pour la façon d'iceluy. . . . 138 15 »

A la veuve Pouillaude, graissière en cette ville, pour livrance par elle faite de différentes couleurs pour le reposoir . . . . 10 11 »

Au sieur Blasselle, pour le remboursement de la somme par lui avancée aux quatre compagnies bourgeoises, au sujet des prix qu'ils ont tirés à l'occasion de ladite solemnité . . . . 96 » »

Aux nommés Léon Mariage et Michel Agar, entrepreneurs du divertissement de la joutte que l'on a donné au sujet de ladite solemnité séculaire . . . . 96 » »

A Scourgeon, maître charpentier, pour ouvrage et livrance de son stil par lui faite tant pour le reposoir de l'Hôtel-de-Ville, que pour le feu d'artifices 489 9 9

4491 19 7

Total : 4,491 florins, 19 patars 7 deniers.

Autre extrait des archives de la ville de Douai concernant le feu d'artifices et l'illumination de l'obélisque.

Un soleil pour terminer l'obélisque . . 48 »
48 fontaines à 20 patars. . . . . . 48 »
20 caisses remplies de pétards et de serpenteaux à 48 patars . . . . 48 »
170 fusées pour le latis et les 4 caisses à 8 patars. . . . . 64 »

4 pots à feu à 6 florins	24	»
4 girandoles à 4 florins	16	»
3 postillons à 48 patars	7	4
2 douzaines de gros plongeons à 16 patars	19	4
4 douzaines de petits à 4 patars . . .	9	12
36 lances à feux à 4 patars.	7	4
1,400 mesches apretées pour les lampions.	6	»
14 florins d'étoupilles à 4 florins . . .	56	»
Porte-feux, 12 florins	12	»
Déboursé par Boutry 230 livres de suif fondu à 22 florins	50	12
Pour le tonneau	»	18
Une tonne d'huile de lampe	37	10
10 pots d'huile d'aspic à 3 florins . . .	36	»
Une bouteille et pagnié	»	6
138 liv. de coton à 23 patars	19	13 1/2
Payé au peintre 6 florins	6	»
10 bougies jaunes à 10 patars	5	»
Paniers, caisses et l'envoi d'artifices . .	4	16
Bois de girandoles	7	16
Suivant l'accord pour 4 jours à Douay pour faire les lampions et tirer le feu .	64	»
100 fusées d'augmentation	40	»
Resté à Douai de plus 4 jours à 8 florins par jour	32	»
Déboursé sur la barque.	12	»
Déboursé pour des bagatelles au service et pour l'arrangement du feu	10	»
Pour le bois du soleil brûlé et 17 caisses de perdues	12	»
	704	15 1/2

Le billet Delacroix, aubergiste, pour dépense pendant le voiage de Boutry, porte . 45 4 4

749 19 4

Total du prix du feu d'artifice et de l'illumination de l'obélisque : 749 florins 19 patars 4 deniers.

QUATRIÈME PARTIE.

DESTRUCTION DE L'ÉGLISE SAINT-AMÉ.
RÉTABLISSEMENT DU CULTE.

La dévotion au Saint-Sacrement de Miracle grandissait avec les siècles ; les pompes de la procession séculaire l'avaient répandue au loin ; la chapelle où se vénérait la sainte hostie s'enrichissait de jour en jour de pieux adorateurs qui, par leur personne, la décoraient d'ornements plus splendides que les *ex-voto* d'or et d'argent qui tapissaient ses murailles. Tout semblait assurer à cette dévotion une durée éternelle... La tempête révolutionnaire s'éleva.

Douai n'était pas une cité ordinaire. Sa célèbre Université, ses cinq colléges, ses dix-neuf séminaires, ses nombreux couvents, ses six paroisses, ses deux collégiales, en faisaient la cité des sciences et de la religion ; l'impiété y avait beaucoup à détruire. L'église Saint-Amé surtout devait exciter l'animosité de ceux qui, entraînés par le vertige, insultaient à la foi de leurs pères et lui déclaraient une guerre à mort. Le 17 novembre 1790, les scellés furent apposés sur la salle capitulaire, et trois ans après, l'église fut mise au pillage. Dans ce jour de deuil qui vit briser les vases sacrés et livrer au feu, dans l'enceinte même du temple profané, les saintes reliques devant lesquelles près de dix siècles s'étaient agenouillés, la fureur des impies ne pouvait oublier la chapelle du Saint-Sacrement de Miracle, et principalement l'hostie miraculeuse dont la présence rappelait l'apparition du Dieu qui doit un jour juger les méchants. On se rua donc sur l'autel, on força le tabernacle, on ouvrit la boîte où cette hostie était renfermée... Dieu n'avait point permis ce suprême excès de sacrilége : la boîte était vide!... L'homme qui la tenait entre les mains (nous voulons taire le nom de cet homme), en tira un léger linge qu'il montra en s'écriant : « *Voilà avec quoi les prêtres entretenaient la superstition des femmes!...* » L'hostie miraculeuse avait été sauvée (1).

(1) Le 15 novembre 1793, des commissaires nommés par la *Société Populaire* font l'inventaire des vases sacrés et autres objets précieux trouvés dans l'église Saint-Amé. Le procès-verbal officiel, déposé aux archives départementales du Nord (district de Douai, liasse 54), porte qu'il a été trouvé dans le tabernacle une boîte d'ivoire, garnie en argent, contenant une autre petite boîte d'argent, émaillée en dehors et dorée en dedans, enveloppée dans du linge, *contenant, dit-on, l'hostie miraculeuse;* que ladite boîte a été ouverte, *et qu'il ne s'y est trouvé qu'un petit morceau de linge avec une espèce de cœur...*

L'abomination de la désolation se consomma. La vieille basilique que le vandalisme n'avait osé atteindre pendant les jours de la terreur, devait tomber sous le marteau. Le 16 juin 1798 (hélas! deux ans de plus elle était sauvée!), elle fut achetée par des *fripiers* de la ville de Lille qui la démolirent (1). On employa les mineurs de la garnison pour faire sauter la tour dont la masse céda en partie à leurs efforts le 11 octobre de la même année; l'autre partie fut jetée bas le 22 novembre suivant (2). En déplorant cette destruction, un cœur douaisien éprouve je ne sais quel tressaillement qui le console. — Au moins, se dit-il, ce ne sont point des enfants de la cité qui ont renversé la vieille collégiale où nos pères avaient prié, et qui résumait toute notre histoire!

En 1802, la religion reprit possession de son trône au milieu des ruines amoncelées de toutes parts : aux lieux où s'élevait la collégiale, elle ne vit que des décombres abandonnés par les dévastateurs, et pour dresser un autel au milieu de la portion de la ville qui constituait autrefois la pa-

---

(1) « Ce grand et vaste édifice, dit le procès-verbal officiel, » bâti en grès, briques et blancs, sur huit cents toises carrées » de terrain... a été adjugé, au 201ᵉ feu, pour la somme de » treize cent trente mille francs. » (*Archives départementales du Nord*, liasse 154, district de Douai.)

(2) Plouvain, *Souvenirs des habitants de Douai*.

roisse de Saint-Amé, elle fut réduite à emprunter la chapelle du couvent des Récollets-Anglais, que l'on érigea en église paroissiale sous l'invocation de Saint-Jacques.

Ce fut dans cet humble sanctuaire que se conserva la dévotion au Saint-Sacrement de Miracle. A peine installé dans sa cure, le Doyen, M. Carpentier, reconstitua la Confrérie en 1804 (1).

En 1806, Mgr Belmas, évêque de Cambrai, rétablit la solennité du Saint-Sacrement de Miracle, en vertu de l'ordonnance suivante :

« Louis Belmas, par la permission divine et la grâce du Saint-Siége apostolique, évêque de Cambrai ; à tous ceux qui ces présentes verront, salut.

» Monsieur le Curé de la paroisse de Saint-Jacques, à Douai, nous ayant exposé qu'il désireroit célébrer solennellement l'office comme par le passé, et au jour que nous lui indiquerions, en mémoire du miracle de la sainte hostie, opéré en l'église de Saint-Amé de cette ville ; se rendre processionnellement, ledit jour, au lieu où existoit

---

(1) Il est à remarquer que dans la reconstitution de la Confrérie, ainsi que dans le règlement qui lui fut donné par Mgr l'évêque Belmas, il n'est pas fait mention du Saint-Sacrement de Miracle. Ce culte, avec sa qualification, ne fut réellement reconstitué qu'en 1806.

ladite église, et y donner la bénédiction du Très Saint-Sacrement;

» Considérant que les habitans de la ville de Douai se sont toujours montrés jaloux de témoigner à Dieu leur reconnoissance pour cette marque de sa bonté spéciale envers eux, et qu'il importe de conserver parmi eux le souvenir de ce bienfait par les prières et les cérémonies de l'Eglise ;

» Considérant, en outre, que l'emplacement de l'église de Saint-Amé, aujourd'hui détruite, se trouve dans l'arrondissement actuel de la paroisse de Saint-Jacques ;

» Nous avons statué et statuons ce qui suit :

» 1° Tous les ans, le dimanche de *Quasimodo,* jour de l'octave de la Résurrection de Notre-Seigneur Jésus-Christ, on célébrera solennellement, dans l'église de Saint-Jacques, à Douai, l'office en mémoire de l'hostie miraculeuse, dite *Saint-Sacrement de Miracle;*

» 2° Ce même jour, Monsieur le Curé de cette paroisse est autorisé à se rendre processionnellement de son église au lieu où s'est opéré le miracle, à y donner la bénédiction du Très Saint-Sacrement, et à y faire, s'il le juge à propos, une instruction analogue à la solemnité.

» 3° Afin d'augmenter la dévotion des fidèles envers le Saint-Sacrement de l'autel, nous accordons quarante jours d'indulgence à ceux et celles qui, avec les dispositions nécessaires pour profiter de ces grâces spirituelles, assisteront à la procession sus-mentionnée et y réciteront cinq fois l'Oraison Dominicale et la Salutation Angélique, et prieront pour les fins ordinaires.

» Donné à Cambrai, sous notre seing, notre sceau et le contre-seing de notre secrétaire, le 29 mars 1806.

» Louis, *évêque de Cambrai.*

» Scellé et contresigné par ordonnance :

» Signé Daire, *secrétaire-général.* »

Conseil de fabrique de la paroisse Saint-Jacques.

Le onze avril mil huit cent six, les administrateurs de la Fabrique intérieure, assemblés en la manière accoutumée pour délibérer sur l'exécution du statut de Mgr l'Evêque de Cambrai du 29 mars dernier, qui autorise M. le Curé de la paroisse de Saint-Jacques de célébrer solennellement, tous les ans, le dimanche de *Quasimodo*, l'office en mémoire de l'hostie miraculeuse dite *Saint-Sacrement de Miracle*, et à se rendre processionnellement de son église au lieu où s'est opéré le miracle, à y donner la bénédiction du Très Saint-Sacrement, et à y faire une instruction analogue à la solennité, ont arrêté les points et articles suivants :

1° Il sera établi un reposoir sur la place de Saint-Amé, au lieu où existoit ci-devant la chapelle du Saint-Sacrement de Miracle en la ci-devant église de Saint-Amé ;

2° Les Curés, vicaires et prêtres des paroisses de Saint-Pierre et de Notre-Dame, et les marguilliers fabriciens desdites paroisses, seront invités à assister aux offices et procession de ladite fête ;

3° Il sera fait une députation de deux membres de l'administration auprès de M. le Maire de la ville de Douai, pour l'inviter d'assister auxdits offices et procession, et pour le prier de faire sonner la grosse cloche du Beffroi lors de ladite procession ;

4° Il sera écrit à M. le commandant de la Place, pour l'inviter à donner les ordres nécessaires, afin qu'une troupe militaire accompagne le Saint-Sacrement à ladite procession et y maintienne le bon ordre.

———

En 1816, M. Levesque, ancien chanoine de Saint-Amé, devenu doyen de Saint-Jacques, obtint du Souverain-Pontife Pie VII un Bref qui assure à la Confrérie des indulgences à perpétuité, et dont voici la teneur :

« Qu'il soit notoire à tous et par tout que l'an de
» l'incarnation de Notre-Seigneur, 1816, le 31 août,
» septième du pontificat de notre très saint Père
» le Pape, Pie VII° du nom, moi, official député,
» ai vu et lu certaines lettres apostoliques scellées
» en plomb, conçues en ces termes :

» Pie, Evêque, serviteur des serviteurs de Dieu,
» à tous les fidèles chrétiens qui ces présentes
» lettres verront, salut et bénédiction apostolique.

» Réfléchissant sur la fragilité de notre vie mor-
» telle, sur la condition du genre humain, et prin-
» cipalement sur la sévérité du jugement qui nous
» attend, Nous avons reconnu que chaque fidèle
» pouvoit en prévenir les effets par ses bonnes
» œuvres et ses ferventes prières, et par ce moyen
» effacer ses péchés et mériter plus facilement la
» grâce de jouir de la félicité éternelle.

» C'est pourquoi, ayant appris que dans l'église
» paroissiale de Saint-Jacques, en la ville de
» Douai, diocèse de Cambrai, une pieuse et dévote
» confrérie de fidèles des deux sexes, sous l'invo-
» cation du Très Saint-Sacrement, et à la plus
» grande gloire de Dieu, pour le salut des âmes et
» l'édification du prochain, sans exception de qui
» que ce soit, avoit été canoniquement érigée par
» l'évêque diocésain, ou étoit sur le point de l'être ;
» sachant aussi que nos chers fils, membres de
» cette confrérie, exerçoient ou avoient l'intention
» d'exercer beaucoup d'actes de piété, de charité
» et de miséricorde, et désirant que cette confré-
» rie prenne de jour en jour de plus grands ac-
» croissements, que les confrères persévèrent dans
» leurs bonnes œuvres qui ne feront qu'augmenter
» dans la suite ; que les fidèles aient des désirs
» plus efficaces d'entrer dans cette confrérie ; qu'ils

» aient plus de vénération pour ladite église pa-
» roissiale ; que les fidèles à Jésus-Christ lui ren-
» dent les honneurs qui lui sont dus ; qu'ils la
» fréquentent avec d'autant plus de zèle et de dé-
» votion qu'ils auront reconnu y avoir trouvé une
» nourriture spirituelle plus abondante ; par la
» miséricorde de Dieu tout-puissant, et l'autorité
» des saints Apôtres Pierre et Paul, Nous avons
» accordé indulgence plénière, avec pardon et ré-
» mission de tous et chacun leurs péchés, aux
» fidèles de l'un et de l'autre sexe qui, vraiment
» pénitents, se seront confessés et auront reçu la
» très sainte Eucharistie le premier jour de leur
» entrée dans ladite confrérie.

» Nous avons accordé pareille indulgence à
» tous les confrères présents et à venir, qui, à
» l'article de la mort, se seront confessés et au-
» ront reçu le saint Viatique, s'ils le peuvent com-
» modément, ou, au moins, qui invoqueront de
» bouche, si cela leur est possible, sinon de cœur,
» le nom sacré de Jésus, ou donneront quelques
» signes de pénitence.

» Nous avons étendu cette même indulgence
» plénière aux confrères vraiment pénitents, con-
» fessés et communiés qui (le jour principal de la
» fête de ladite confrérie, à désigner par eux, ex-
» cepté celui de Pâques, et à approuver par l'évê-
» que diocésain, lequel, une fois choisi, sera fixé
» pour toujours), chaque année, le jour de cette

» fête, depuis les premières vêpres jusqu'au cou-
» cher du soleil, visiteront ladite église, y prieront
» pour l'exaltation de notre Mère la sainte Eglise,
» l'extirpation des hérésies, la conversion des hé-
» rétiques et des infidèles, la paix et la concorde
» entre les princes chrétiens et le salut du Souve-
» rain-Pontife.

» Nous avons en outre accordé auxdits con-
» frères, aussi confessés et communiés, qui visite-
» ront ladite église, depuis les premières vêpres
» jusqu'au soleil couché, comme il est dit ci-des-
» sus (en chacun des quatre jours de l'année qu'ils
» choisiront, excepté celui de Pâques, sous l'ap-
» probation de l'évêque diocésain, lesquels, une
» fois fixés, ne pourront plus être changés), une
» indulgence de sept ans et sept quarantaines.

» Enfin, Nous avons remis auxdits confrères
» soixante jours de la pénitence qui leur auroit été
» imposée, de quelque manière que ce soit, et ce,
» à perpétuité, toutes les fois qu'ils assisteront aux
» messes ou autres offices divins que leur confrérie
» fera célébrer dans ladite église; qu'ils assiste-
» ront aux assemblées publiques ou privées de
» leur dite confrérie; à quelques œuvres de piété,
» aux processions ordinaires et extraordinaires
» tant de la même confrérie qu'à toutes autres
» autorisées par l'évêque diocésain, aux convois
» des morts; qu'ils accompagneront le Très Saint-
» Sacrement lorsqu'on le porte à un malade, ou,

» quand ils en seront empêchés, ils se mettront à
» genoux au son de la cloche et réciteront une fois
» l'Oraison dominicale et la Salutation angélique
» pour ce malade; qu'ils donneront l'hospitalité
» aux pauvres étrangers, ou les aideront de leurs
» aumônes ou de leurs services; qu'ils visiteront
» les infirmes et les consoleront dans leurs peines;
» qu'ils se réconcilieront avec leurs propres enne-
» mis, ou rétabliront la paix entre d'autres; qu'ils
» ramèneront dans la voie du salut celui qui s'en
» seroit écarté; qu'ils enseigneront, à ceux qui les
» ignorent, les commandements de Dieu et les
» autres choses nécessaires au salut; qu'ils réci-
» teront cinq fois l'Oraison dominicale et la Salu-
» tation angélique pour le repos des âmes des
» confrères de ladite confrérie décédés, ou auront
» exercé quelques actes spirituels ou temporels
» relatifs à ceux ci-dessus énoncés.

» Toutes lesquelles indulgences pourront être
» appliquées dès aujourd'hui et à toujours, par
» forme de suffrage, aux âmes des fidèles trépas-
» sés détenues dans le purgatoire.

» Nous voulons cependant que si ladite confré-
» rie se trouvoit agrégée à une archiconfrérie, ou
» vînt dans la suite à s'y agréger, de quelque ma-
» nière que ce soit, pour jouir des indulgences
» qui lui auroient été accordées, que les premières
» lettres, autres que les présentes, ne lui procurent
» aucun avantage, et soient dès à présent sans
» force ni vigueur.

» Nous voulons encore que si ladite confrérie
» a obtenu de Nous quelqu'autre indulgence per-
» pétuelle ou pour un temps qui ne seroit pas
» encore écoulé, que les présentes lettres soient
» nulles et de nul effet.

» Donné à Rome, à Sainte-Marie-Majeure, l'an
» de l'incarnation de Notre-Seigneur mil huit cent
» seize, le jour des ides d'août (le 13 août), le sep-
» tième de notre pontificat, et scellé d'un scel en
» plomb.

» Sur lesquelles lettres, moi, notaire public, ai fait la présente copie que j'ai signée en présence de MM. Joseph MONTI et Vital SERNICOLI.

» Pour copie conforme à l'original : signé N. CIPRIANI, official député, est signé A. Card. Prod. et scellé d'un grand scel en placard.

» Il est ainsi signé : Joseph BATTAGLIA, notaire apostolique, et scellé d'une empreinte en noir. »

« Nous permettons de publier les indulgences ci-dessus rappelées, à cette condition cependant que l'on observe les statuts par nous donnés à cette confrérie, le vingt-six mars 1806, et pour gagner l'indulgence plénière, nous assignons le dimanche dans l'Octave du Saint-Sacrement, et pour gagner l'indulgence de sept ans et de sept quarantaines, le dimanche dans l'octave de l'Epiphanie, le jour de la fête de l'Ascension de Notre-Seigneur, le jour de la fête patronale, et le jour de Noël, jours choisis par les confrères et par nous approuvés.

» Donné à Cambrai, le 31 octobre 1816.

» Etoit signé : † LOUIS,
» *Evêque de Cambrai.*

» Par ordonnance :
» Signé : De Muissart, chanc.-secrét. »

Extrait du Règlement de la Confrérie.

La Confrérie du très Saint-Sacrement de Miracle se compose de fidèles de l'un et de l'autre sexe, ayant fait leur première communion.

Les prières et les mérites des confrères et consœurs sont communs à tous les membres de la Confrérie.

Tous les Offices chantés à l'honneur du très Saint-Sacrement, sont célébrés au nom des confrères et consœurs.

La Confrérie fait chanter à l'honneur du très Saint-Sacrement :

1° La grand'Messe et le Salut du jeudi de chaque semaine ;

2° La grand'Messe, les Vêpres et le Salut pendant toute l'octave de la Fête-Dieu ;

3° Un obit le lendemain de l'octave de la Fête-Dieu, pour tous les confrères et consœurs décédés ;

4° Un Obit après la mort de chaque confrère ou consœur.

Les processions solennelles du très Saint-Sacrement ont lieu, pour la paroisse Saint-Jacques, les jours ci-après désignés :

1° Le dimanche après Pâques, fête du Saint-Sacrement de Miracle.

2° Le dimanche de la Fête-Dieu.

<small>Procession générale à Saint-Pierre après la messe paroissiale.</small>

3° Le dimanche de l'octave de la Fête-Dieu.

4° Le premier dimanche de septembre, solennité du *Recordare,* établie en mémoire et en actions de grâces de la cessation de la peste à Douai, au XVI° siècle.

La fête de l'adoration perpétuelle du très Saint-Sacrement se célèbre à Saint-Jacques le 1ᵉʳ mai.

De plus, il y a adoration du Très Saint-Sacrement, à la même église, le second jeudi de chaque mois.

Depuis l'année 1806, on continue donc de célébrer la mémoire du Saint-Sacrement de Miracle dans l'église Saint-Jacques : chaque année, au jour assigné par l'Ordinaire, les fidèles douaisiens se font un pieux devoir d'assister à la procession ; après avoir écouté le sermon où le récit du miracle n'est jamais oublié, on se rend sur la place où fut autrefois l'église Saint-Amé ; la sainte Eucharistie brille un moment sur le reposoir élevé à l'endroit du sanctuaire, et la religion bénit encore ces lieux où autrefois elle apprit la résignation aux malheureux et le pardon des injures aux persécutés. Ce jour-là, nous entendions, dans notre enfance, les vieillards aimer à redire les splendeurs de la collégiale, ainsi que les calamités dont avaient été accablés ceux qui s'étaient faits spoliateurs de la maison de Dieu, et plus d'une fois nous avons surpris des larmes dans nos yeux en voyant le bon M. Levesque pleurer lui-même en chaire, lorsque le jour de la fête il entretenait ses paroissiens du Saint-Sacrement de Miracle.

On porte à cette procession un cierge blanc du poids de cinq livres et orné d'un bouquet artificiel. Ce cierge, qui se renouvelle chaque année, est laissé dans le sanctuaire, et on l'allume, jusqu'à extinction, toutes les fois que le Saint-Sacrement est exposé. Fondé à perpétuité, à une époque inconnue (1), dans l'église Saint-Amé, il est fourni

---

(1) On a découvert depuis l'origine de cette fondation. Elle fut faite en 1751 par M. Florisone, bourgeois rentier, ancien lieutenant au bataillon de Vire et depuis échevin de la ville de Douai, et resta successivement, par testament, à la charge de Madame Marie-Antoinette de Sommain, épouse de M. Florisone; puis, des enfants de M. Cambier, greffier au Parlement de Flandre, avec M. de Cazier, seigneur du Breucq, demeurant à Tournai; puis de M. le baron Réné de Cazier, qui succéda à son père en 1785 ; il avait épousé Madame Marie-Anne-Robertine, comtesse de Robiano, qu'il laissa héritière universelle de tous ses biens en 1833. Cette dame étant décédée en 1860, a eu pour héritiers M. le comte Albert de Robiano, Madame la comtesse de Stolberg, Madame la baronne de Loë, Mademoiselle la

par la famille des barons de Cazier, représentée aujourd'hui par Madame la baronne douairière de Cazier de Robiano.

La Confrérie compte aujourd'hui parmi ses membres : Son Eminence le cardinal Wiseman, archevêque de Westminster; Nosseigneurs Régnier, archevêque de Cambrai; Wicart, évêque de

comtesse Mathilde de Robiano et Madame la comtesse de Spée, ses neveux et nièces, qui se trouvèrent ainsi débiteurs de la fondation. Ils offrirent à la fabrique de la paroisse Saint-Jacques à Douai de lui faire une donation, à condition de prendre à sa charge et à perpétuité les services religieux que la famille de Cazier faisait acquitter chaque année dans ladite église, ce à quoi le Conseil de fabrique acquiesça (a), et un décret daté du palais de St-Cloud, le 20 août 1864, autorisa cette convention.

La Confrérie du Saint-Sacrement de Miracle, voulant perpétuer le souvenir des donateurs du cierge, a fait peindre, en 1864, sur un écusson en cuivre de 35 centimètres de hauteur sur 24 de largeur, une des apparitions du Sauveur dans la collégiale de Saint-Amé, (Jésus sous la forme d'un enfant). Au bas se trouvent les armoiries avec les noms des familles FLORISONE, DE CAZIER et DE ROBIANO. Le tout est surmonté d'un ruban portant la date du miracle : *14 avril 1254*.—Cet écusson est attaché au cierge porté chaque année à la procession du dimanche de Quasimodo, qui se rend de l'église Saint-Jacques à la place Saint-Amé, où s'est opéré le miracle. L. D.

(a) La Fabrique de Saint-Jacques fut en outre chargée de la fondation à perpétuité, faite à Saint-Amé, en 1692, par M. Le Sellier, bourgeois rentier à Douai, de dix-sept messes pour le repos de son âme; et d'une messe qui doit être dite à l'autel du Saint-Sacrement de Miracle, l'un des jours de l'octave, pour le repos de l'âme de M. Florisone.

Fréjus, Desprez, évêque de l'île de la Réunion; de Saint-Palais, évêque de Vincennes, aux Etats-Unis, et Charbonneaux, vicaire apostolique des Indes-Orientales, ainsi que tous les prêtres nés à Douai. Leurs Eminences, les cardinaux Giraud, archevêque de Cambrai, et de La Tour d'Auvergne, évêque d'Arras, en faisaient aussi partie. La lettre que le cardinal Giraud envoya, le 21 avril 1849, en réponse à celle que lui avait écrite le secrétaire de la Confrérie pour le prier d'agréer que son nom fût inscrit sur les registres de cette Société, doit trouver ici sa place : « Je consens bien
» volontiers, dit le prélat, à ce que la Confrérie
» m'inscrive au nombre de ses membres. Si Dieu
» me prête vie et santé, je me ferai un bonheur
» de témoigner tout l'intérêt que je porte à cette
» pieuse association, en allant, à l'exemple de mes
» prédécesseurs, officier pontificalement à Douai,
» le jour de la fête séculaire de 1854. Je suppose
» que la Confrérie est en possession de quelque
» bulle authentique qui accorde des indulgences
» pour cette solennité. Dans le cas contraire, je
» pourrai en solliciter *ad instar jubilei,* ainsi que
» je l'ai fait pour la fête séculaire de 1852, en mé-
» moire de l'arrivée à Cambrai de l'image mira-
» culeuse de Notre-Dame de Grâce. »

Cette fête séculaire, dont parle le cardinal de sainte mémoire, est sur le point de se célébrer. Retardée d'une année, à cause des travaux d'agrandissement exécutés à l'église Saint-Jacques, elle va clore, pour le temps présent, la série des fêtes séculaires solennisées dans le diocèse de Cambrai. Nous avions cru, il y a huit mois, que la Providence ménageait aux fidèles une grande consolation pour ces beaux jours : on pensait avoir retrouvé l'hostie miraculeuse ; mais, après un mûr examen, il n'a pas été possible de reconnaître l'authenticité de ce saint objet déposé sur l'autel dit des Trépassés, dans l'église Saint-Pierre, en 1805. Quoi qu'il en soit, la ville de Douai se dispose à montrer, dans ces pompes solennelles, qu'elle est encore à la hauteur de la foi de ses pères, et que si elle a perdu la plupart des titres qui faisaient sa gloire, elle a conservé et conservera toujours son titre de Ville du Saint-Sacrement.

Juin 1855.

L'abbé CAPELLE.

LE JUBILÉ SÉCULAIRE DE 1855

Cette magnifique solennité a eu lieu du 14 au 22 juillet 1855. Ce dernier jour on a pu admirer la procession de la clôture de l'octave.

La relation des fêtes jubilaires de Douai a été faite par M. l'abbé Capelle (1). Nous n'entrerons donc dans aucun détail à ce sujet. Contentons-nous de citer l'appréciation de ces fêtes et de celles des Jubilés de Cambrai et de Lille, par M. le chanoine Dehaisnes, archiviste-général honoraire du département du Nord, dans sa notice nécrologique sur M. l'abbé Capelle :

« ... De 1852 à 1855, notre diocèse a vu célébrer trois jubilés séculaires qui ont réveillé les traditions antiques, ravivé la foi, enflammé la piété

---

(1) *Souvenir du Jubilé Séculaire du Saint-Sacrement de Miracle, célébré à Douai en 1855*. Beau volume in-8° de 250 pages, orné du portrait de l'auteur et de nombreuses lithographies représentant la décoration de l'église Saint-Jacques, les trois reposoirs et les principaux groupes de la procession. Prix : *Cinq francs*, au profit du Bureau de Bienfaisance de Douai, où l'on peut encore se procurer cet ouvrage.

et excité un vif enthousiasme religieux dans le pays tout entier. Nous ne craignons pas de le déclarer : pour rendre possibles toutes ces grandes fêtes séculaires qui rappelaient Notre-Dame de Grâce à Cambrai, Notre-Dame de la Treille à Lille, et le Saint-Sacrement de Miracle à Douai, pour préparer et organiser ces trois processions aux groupes si riches, si variés et si nombreux, il a fallu l'intelligence, le goût artistique, l'activité, la foi et la piété de M. Capelle. D'autres ont pu prêcher avec autant d'éloquence, écrire avec autant de facilité, se dépenser avec autant de zèle : aucun peut-être n'aurait su, comme lui, mener à bonne fin ces trois imposantes manifestations religieuses qui jetèrent, ainsi qu'il le dit lui-même, *un défi à l'incrédulité, à l'indifférence de notre âge*. Les trois Jubilés séculaires sont les trois grandes journées de la vie sacerdotale de M. Capelle. Mais ce ne fut pas sans peine, sans d'immenses fatigues qu'il arriva à ce résultat : on peut compter par milliers les lettres qu'il écrivit ou fit écrire à ce sujet. Monseigneur l'Archevêque de Cambrai montra qu'il appréciait ses services éminents, lorsqu'après la procession de Notre-Dame de la Treille, il lui conféra les insignes de chanoine honoraire. La ville de Douai montra combien elle était fière de lui avoir donné naissance, en offrant à l'organisateur du Jubilé du Saint-Sacrement de Miracle une magnifique chapelle en vermeil, ornée de

riches émaux. Dans la fête célébrée à cette occasion, le 30 décembre 1855, M. Maurice, alors maire de la ville, adressa à M. Capelle un discours auquel nous empruntons les lignes suivantes : « Il
» fallait pour réussir, comme vous l'avez fait, unir
» l'infatigable ardeur du chrétien le plus fervent
» au goût épuré, aux inspirations classiques d'un
» artiste d'élite ; il fallait encore aimer la ville de
» Douai, comme le plus dévoué de ses enfants,
» pour entreprendre, sans faiblir, ce labeur im-
» mense, dont le résultat devait faire briller votre
» ville natale d'un éclat si vif et si inattendu. »

Constatons actuellement le témoignage de Mgr Samhiri, patriarche d'Antioche, qui avait assisté à la procession séculaire de Douai.

Sa Béatitude disait, transportée hors d'elle-même :

« Je remercie la divine Providence de ce qu'elle
» a permis que je vinsse en Europe, ne serait-ce
» que parce que j'ai vu cette fête. J'ai pourtant vu
» Rome, j'ai assisté à toutes les cérémonies qui
» ont eu lieu dans cette ville lors de la proclama-
» tion du dogme de l'Immaculée-Conception ; mais
» je n'ai rien vu qui fût si beau et qui m'ait tant
» impressionné !... »

PÈLERINAGE NATIONAL

& PROCESSION SOLENNELLE

en l'honneur du Saint-Sacrement de Miracle à Douai

le 17 mai 1875

Les Comités Catholiques de la province ecclésiastique de Cambrai, conformément au vœu de leur assemblée générale, ont organisé un pèlerinage national au Saint-Sacrement de Miracle de Douai, avec l'approbation de Son Eminence le Cardinal Régnier, archevêque de Cambrai, de Mgr Lequette, évêque d'Arras, et de Mgr Bataille, évêque d'Amiens, et auparavant archiprêtre, doyen de Saint-Jacques à Douai.

Du 9 au 17 mai, les paroisses de l'arrondissement de Douai et celles du diocèse d'Arras qui sont voisines de notre ville, sont venues en pèlerinage à l'église Saint-Jacques, magnifiquement décorée, et où le Très Saint-Sacrement restait exposé à la vénération des fidèles. S. S. Pie IX avait accordé une indulgence plénière aux pèlerins, aux conditions ordinaires.

Le lundi de la Pentecôte, 17 mai, à dix heures

du matin, eut lieu un Congrès Eucharistique en l'église Notre-Dame.

La procession solennelle commence vers deux heures et demie et parcourt les principales rues de la cité. Elle est composée d'un cortége immense venu de tous les pays environnants, de Paris et de la Belgique.

L'organisation de la Procession est composée de deux parties.

La première représente la France dans les pèlerinages qu'elle a faits depuis 1870, et la seconde représente la France inaugurant les pèlerinages en l'honneur du Très Saint-Sacrement par le pèlerinage au Saint-Sacrement de Miracle à Douai.

La première partie comprend trois subdivisions:

1° Les saints protecteurs de Douai :

Saint Maurand, saint Amé, saint Jacques, saint Pierre, Notre-Dame.

2° Les saints protecteurs de la France dont les sanctuaires ont été le but de pèlerinages nationaux :

Saint Michel, saint Denis, sainte Geneviève, saint Martin, sainte Monique, saint Vincent de Paul, sainte Anne, saint Joseph.

3° Les sanctuaires de la Très Sainte-Vierge, qui ont été le but de pèlerinages généraux au nom de la France :

Notre-Dame de Boulogne, Notre-Dame des Miracles de Saint-Omer, Notre-Dame de Tournay, Notre-Dame des Victoires, Notre-Dame de Lourdes,

Notre-Dame du Saint Cordon, Notre-Dame de la Treille, Notre-Dame de Grâce, Notre-Dame du Sacré-Cœur.

La deuxième partie de la Procession est consacrée à la glorification de l'Eucharistie :

1° Dans le passé : Par le miracle de Saint-Amé, par la tradition chrétienne, par sainte Julienne de Cornillon, par l'apôtre saint Jean.

2° Dans le présent : Groupe nombreux de pèlerins et de confrères précédant le clergé, chantant et portant des flambeaux ou des cierges devant le Très Saint-Sacrement.

Puis viennent les séminaires de Cambrai et d'Arras, les membres du clergé; Mgr Scott, doyen d'Aire ; Mgr Bataille, évêque d'Amiens ; Mgr Monnier, évêque de Lydda ; Mgr Lequette, évêque d'Arras ; quatre autres évêques de pays étrangers, et Mgr le Cardinal-Archevêque de Cambrai.

Le Très Saint-Sacrement était porté à tour de rôle par les vénérables prélats.

Trois reposoirs avaient été dressés sur l'Esplanade, sur la place d'Armes et sur la place Saint-Amé. Celui-ci était des plus remarquables. Elevé sur l'emplacement de l'ancienne et illustre collégiale de Saint-Amé, il mesurait trente-six mètres de hauteur, avec un escalier de cinquante-deux marches, et était composé de verdure et de fleurs. Le rétable était un transparent en forme de tryptique gothique où étaient représentées les apparitions de l'hostie miraculeuse de Saint-Amé.

La décoration des rues par où passait la procession était splendide. Huit cents mâts qui portent les banderoles sont placés sur un parcours de trois mille six cents mètres, et à chaque mât est fixé un écusson qui reproduit la triple apparition, et un trophée de trois drapeaux multicolores. De mât en mât des guirlandes se courbent, s'enlacent et décrient de gracieux dessins. Cent vingt mille fleurs s'épanouissent sur la tarlatane de ces guirlandes. Des inscriptions inspirées par une piété affectueuse célèbrent la gloire du Dieu de l'Eucharistie, et témoignent de l'amour que portent au Saint-Père les habitants de la religieuse cité...

Nous nous bornons à ce trop court résumé. Il suffira pour prouver que la ville de Douai s'est montrée, cette fois encore, digne de porter le titre de Ville du Saint-Sacrement.

FIN

TABLE DES MATIÈRES

	Pages
Dédicace de l'auteur	v
A la mémoire de M. l'abbé Capelle	vii
PREMIÈRE PARTIE. Miracle du Saint-Sacrement, sa raison d'être, preuves de son authenticité	1
DEUXIÈME PARTIE. Culte du Saint-Sacrement de Miracle	27
I. Chapelle du Saint-Sacrement de Miracle	27
II. Confrérie du Saint-Sacrement de Miracle	35
III. Offices en l'honneur du Saint-Sacrement de Miracle	46
IV. Donations et fondations	56
TROISIÈME PARTIE. Jubilé séculaire de 1754	63
QUATRIÈME PARTIE. Destruction de l'église Saint-Amé. — Rétablissement du culte.	83

Notes et articles historiques ajoutés au récit de M. l'abbé Capelle.

Pages 31, 33, 84, 85, 86, 87, 88, 89, 95, 96, 97, 98.

Jubilé séculaire de 1855	101
Pèlerinage national au Saint-Sacrement de Miracle, en 1875	105

Douai. — Imprimerie L. Dechristé, rue Jean-de-Bologne.

www.ingramcontent.com/pod-product-compliance
Lightning Source LLC
Chambersburg PA
CBHW070524100426
42743CB00010B/1934